中国书籍学术之光文库

文化学轨迹

林 坚 | 著

中国书籍出版社

图书在版编目（CIP）数据

文化学轨迹 / 林坚著 . -- 北京：中国书籍出版社，2019.12

（中国书籍学术之光文库）

ISBN 978-7-5068-7671-1

Ⅰ.①文… Ⅱ.①林… Ⅲ.①文化学—研究 Ⅳ.① G0

中国版本图书馆 CIP 数据核字（2019）第 287456 号

文化学轨迹
林　坚　著

责任编辑	毕　磊
责任印制	孙马飞　马　芝
封面设计	中联华文
出版发行	中国书籍出版社
地　　址	北京市丰台区三路居路 97 号（邮编：100073）
电　　话	（010）52257143（总编室）　（010）52257140（发行部）
电子邮箱	eo@chinabp.com.cn
经　　销	全国新华书店
印　　刷	三河市华东印刷有限公司
开　　本	710 毫米 ×1000 毫米
字　　数	203 千字
印　　张	14
版　　次	2019 年 12 月第 1 版　2019 年 12 月第 1 次印刷
书　　号	ISBN 978-7-5068-7671-1
定　　价	95.00 元

版权所有　翻印必究

目　录
CONTENTS

导　言 ··· 001

第一章　文化之立学 ·· 004
　一、文化概念演变 ·· 004
　二、文化特性分析 ·· 015
　三、文化何以为学 ·· 020

第二章　西方关于文化研究的概况 ···································· 037
　一、与文化人类学相关的主要流派 ···································· 037
　二、当代文化研究的兴起与发展 ······································ 059
　三、当代文化研究的主要领域 ·· 062

第三章　马克思主义文化思想 ·· 073
　一、对文化概念的运用 ·· 073
　二、研究文化的方法论基础 ·· 076
　三、文化的本质与人的本质 ·· 079
　四、"全面生产"中的精神生产 ·· 082
　五、文化进步与人类学的研究 ·· 089

第四章　中国学者对文化的研究 ······································ 098
　一、文化观 ·· 098
　二、文化史 ·· 104
　三、中西文化比较 ·· 110

四、文化展望 ·· 124

第五章　文化学架构 ·· 129
　　一、文化学体系框架 ·· 129
　　二、文化学研究方法 ·· 135
　　三、文化学的地位和作用 ·· 141

第六章　文化关系 ·· 147
　　一、文化与政治 ·· 147
　　二、文化与经济 ·· 154
　　三、文化与科技 ·· 156
　　四、文化与教育 ·· 161
　　五、文化与艺术 ·· 164
　　六、文化与宗教 ·· 165
　　七、文化与生态 ·· 166
　　八、文化与文明 ·· 170

第七章　文化学与其他学科的关系 ·· 187
　　一、文化学与人类学、民族学 ·· 187
　　二、文化学与社会学 ·· 189
　　三、文化学与历史学 ·· 192
　　四、文化学与哲学 ·· 193
　　五、文化学与语言学 ·· 194
　　六、文化学与民俗学 ·· 196
　　七、文化学与传播学 ·· 197

参考文献 ·· 201

后　　记 ·· 214

导　言

　　文化是众多学科研究的对象，文化研究具有跨学科、交叉性、总体性的特征。文化不是单纯的、孤立的、封闭的系统，而是与其他社会要素紧密联系的范畴，必须把文化放在整个社会大系统中进行分析和研究。

　　文化学是人类文化发展到一定阶段的产物，逐渐形成学科建制。国内外对文化的研究成果众多，文化立学经历了漫长的过程。文化学在发展过程中，研究范围逐步扩大，既研究传统文化，也研究现实问题。文化与政治、经济、科技、教育、艺术、宗教、生态、社会生活关联，关注文化的多样性、复杂性。

　　面对丰富的文化史资源和文化实践，需要从最一般意义上总结和提升文化学理论，建构中国特色的文化学体系。广义文化学涉及所有关于文化的研究领域。狭义文化学是在最一般的意义上对有关文化现象及其本质进行研究，抽象出一般规律，是关于文化的"元研究"，以引导各个分支文化学科的研究。

　　作为一门学科，文化学应列为"一级学科"，处于和经济学、政治学、哲学一样的地位。文化学研究，包括研究文化的学科，文化与具体部门结合的学科，以及文化学专题研究等。文化研究有多维视角，特别需要一般的整体上的研究。只有在各个方面、层次开展具体的研究基础上，才能高度概括、提炼出一般的文化学理论。也只有建构起文化学原理，才能更好地开展各分支文化学科的研究。这是一个双向互动的过程。

本书力图系统地总结文化学研究成果，梳理文化学发展的轨迹，阐述文化学的研究对象、研究内容和研究方法。

全书共分七章：

第一章分析文化之立学，描述"文化"概念的演变，分析文化的基本特性，阐述文化何以为学。

第二章介绍西方关于文化的研究及其主要流派，如古典进化论学派、传播论学派、历史学派、社会学学派、结构主义学派、功能主义学派、心理学派、新进化论学派以及其他学派等，阐述当代文化研究的兴起和发展及其主要领域，包括文学、解释学、传播媒介、社会学、大众文化、文化产业等领域的研究。

第三章阐述马克思主义关于文化的思想，认为马克思主义文化观是值得深入开掘的矿藏。文化的本质要由人的本质来理解，关注文化进步与人类学的研究。

第四章主要介绍20世纪中国学者如梁启超、王国维、胡适、陈寅恪、李济、金岳霖、冯友兰等对文化的研究，包括文化观、文化史、中西方文化比较、文化展望等。

第五章分析文化学体系架构，主要包括文化学原理、文化学史、文化学分支学科等。介绍文化学研究方法，分析文化学的地位和作用。

第六章分析文化与其他领域的关系，如文化与政治的交互关系、文化与经济的紧密关联、文化与科技的互补、文化与教育的互融、文化与艺术的密不可分、文化与宗教的互渗、文化与生态的互依、文化与文明的联系和区别等。

第七章探讨文化学与人类学、民族学、社会学、历史学、哲学、语言学、民俗学、传播学等的关系，它们在历史上有着深厚的渊源，联系密切，术语、方法互用。

本书力图系统全面地总结文化学的发展轨迹，在借鉴前人研究成果的基础上提出自己的见解，如把文化学确立为一级学科，分析文化学学科体系的框架，把文化研究与其他学科研究紧密联系在一起，注重从系统、关系、结构方面展开分析，具有鲜明的时代特征、民族特色、科学品格、大众导向、人文精神。

尽管许多学者呼吁建立文化学，但由于历史和现实的原因，还存在许多问题，如对文化宏观把握、理论认识不到位，对学科体系逻辑结构认识不清晰，传统观念的束缚等。文化学要真正进入学科体系还面临一些困难，需要加大研究力度，使文化学的观念深入人心，让文化学发挥更重要的作用。

第一章　文化之立学

"文化"概念极为复杂,人们对文化的理解存在诸多歧异。文化与社会、生活、人密不可分。文化之为"学",需要对之全面梳理、精详查考。

一、文化概念演变

关于"文化",有几百种定义。

(一)西方学者的定义

英语中的"culture"(文化)一词来源于拉丁语"cultura",而cultura源于cultus,cultus又是colere的过去分词形式。colere(colo)的基本含义是"耕种、培育;修饰、打扮;景仰、崇拜、祭祀"。英语中的Culture原意包含:耕种、居住、练习、注意、敬神,被用来隐喻人类的某种才干和能力,主要指人类为使土地肥沃、种植树木和栽培植物所采取的耕耘和改良措施。到古希腊、罗马时代,这个词的含义转变为改造、完善人的内在世界,使人具有理想公民素质的过程。古罗马政治家西塞罗把"文化"一词引申为"耕耘智慧"(cultura mentis)。自15世纪以后,逐渐引申使用,意为耕作、培养、教育、发展、尊重等,并进一步引申为培养一个人的兴趣、精神和智能,进而把对人的品德和能力的培养也称为文化。文化开始有了物质文化和精神文化的区分，但是被神学所遮蔽。文艺复兴时期，文化被用以说明人的形成和发展过程。

在18世纪，法国的启蒙思想家把文化看作与教养相联系的人的理性。沃费纳格、伏尔泰把文化称为训练和修养心智的结果。德国古典哲学把文化用来说明其深奥的哲学、道德、生活、宗教、艺术等精神生活的内涵。1852年，纽曼把文化理解为"精神耕耘"（mental culture）、"智力耕耘"（intelle culture），这和教养、培养（cultivation）的意思相近。

康德认为，文化是"有理性的实体为了一定的目的而进行的能力之创造"，这种"创造"，指人类在精神和肉体两个方面由受自然力统治的"原始状态"向统治自然力的状态的逐步发展；文化是一个过程，一种转变，一种生活方式和道德规范；文化从一开始就不属于个人，而属于整个民族和人类。

黑格尔认为，文化是人类劳动的结果，是人的内在本质力量的对象化，他把创造文化的活动归结为人的第二天性，第一天性是单纯动物的存在。[①]

据英国文化史学者威廉斯（Raymond Williams）考证，从18世纪末开始，"culture"一词的词义和用法发生了重大变化，他说：在这个时期以前，文化一词主要指"自然成长的倾向"以及——根据类比——人的培养过程。但是到了19世纪，后面这种文化作为培养某种东西的用法发生了变化，文化本身变成了某种东西。它首先是用来指"心灵的某种状态或习惯"，与人类完善的思想具有密切的关系。其后又用来指"一个社会整体中知识发展的一般状态"。再后来是表示"各类艺术的总体"。最后，到19世纪末，文化开始意指"一种物质上、知识上

---

① 参见黑格尔：《历史哲学》，上海：上海书店出版社，2001，285页。

和精神上的整体生活方式"。①

有关文化的专门研究,源于19世纪西方一些学者对原始社会的探索,他们主要是从社会学和人类学来理解的。

现代人们认识到,文化是人的生存方式和生活方式。牛津辞典对文化的解释是:人类能力的高度发展,借训练与经验而促成的身心的发展、锻炼、修养;或人类社会智力发展的证据、文明,如艺术、科学等。

1871年,英国人类学家泰勒(E.B.Tylor,1832-1917)的《原始文化》给文化下了一个定义:文化或文明是一个复杂的整体,它包括知识、信仰、艺术、伦理道德、法律、风俗和作为一个社会成员的人通过学习而获得的任何其他能力和习惯。②这个定义主要以意识形态为内涵,把人类在社会发展过程积聚起来的关于人的东西都统称为文化,是特定生活方式的整体,包括观念形态和行为方式,为人们提供道德的和理智的规范。这是现象描述性定义,说明文化包含的内容。

历史探源性定义,把文化放到历史发展的层面上认识。美国社会学家福尔森认为:文化是一切人工产物的总和,包括一切由人类发明并由人类传递后代的器物的全部,及生活的习惯。③日本文化学家祖父江孝男说:文化就是由后天被造成的,成为群体成员之间共同具有且被保持下来的行为方式(也可以叫模式)。④他们强调文化是在历史过程中创造的。

社会反推性定义,是用人类现有文明去比照历史上的存在形态,说明不同时期拥有不同的文明或文化。1973年出版的《苏联大百科全书》(第3版)的定义是:文化,是社会和人历史上一定的发展水平,它表现为人们进行生活和活动的种种类型和形式,以及人们所创造的物质

---

① 韦森:《文化与制序》,上海:上海人民出版社,2003,9页。
② Edward B. Tylor. *Primitive Culture*. London: J. Murray, 1871, p.1.
③ 《文化建设与西化问题讨论集》(下集),乌鲁木齐:帕米尔书店,1980,415页。
④ [日]祖父江孝男:《简明文化人类学》,北京:作家出版社,1987,37页。

财富和精神财富。文化这个概念用来表明一定的历史时代，社会经济形态、具体社会、氏族和民族的物质和精神的发展水平（如古代文化、社会主义文化、玛雅文化），以及专门的活动或生活领域（劳动文化、艺术文化、生活文化）。"文化"这个术语从较狭义的意义来看，仅指人们的精神生活领域。

结构分析性定义，认为文化是一种具有特殊结构的体系。美国著名社会学家帕森斯说：我们把文化体系本身看作是复合的、内部有所区别的体系。按照任何一种行为体系的四个根本职能划分的变化表，我们相应地在四个范畴内（提供知识的象征、道德评价、表情象征和制度性象征）对它进行分析。[1] 功能主义理论从社会结构、功能形态、社区文化等角度研究文化现象，对文化的认识从精神领域扩大到社会领域，包括从人类经济活动的角度来认识文化现象；强调文化是由各种要素或文化特征构成的稳定体系。

价值认定性或功能性定义，从文化的意义、功用等方面出发对文化进行界定。英国功能学派代表人物马林诺夫斯基认为，文化是一个满足人的要求的过程，为应付诸环境中面临的具体、特殊的课题，而把自己置于一个更好的位置上的工具性装置[2]。尽管完全从价值或功能目的出发不能解释所有的文化现象，但人类创造文化的目的是非常明确的。他强调从社会成员的个人心理需求角度去理解社会的功能，使文化形成一套密切相关的系统。

主体立意性定义，强调人这一主体在文化中的特殊作用和本质意义。《苏联大百科全书》（第3版）的说法是：文化概念最初是指人对自然的有目的的影响，以及人本身的培养和训练。培养不仅包括培养人们遵守现有准则和习惯的能力，而且包括鼓励他们遵守这些准则和习

---

[1] 转引自胡潇：《文化现象学》，长沙：湖南出版社，1991，6页。
[2] 转引自庄锡昌：《多维视野中的文化理论》，杭州：浙江人民出版社，1987，371页。

惯的愿望，使他们相信文化能够满足人的全部要求和需要。①

20世纪40年代，E.卡西尔把文化归结为符号的使用，他说：所有这些文化形式都是符号形式。因此，我们应当把人定义为符号的动物来取代把人定义为理性的动物。只有这样，我们才能指明人的独特之处，也才能理解对人开放的新路——通向文化之路。②

行为取向性定义，如美国文化人类学家S.南达认为：文化作为理想规范、意义、期待等构成的完整体系，既对实际行为按既定方向加以引导，又对明显违背理想规范的行为进行惩罚，从而遏制了人类行为向无政府主义倾向发展。③他强调文化的行为性和动力性，把文化视为一种具有动力特色的行为方式或生活方式。

1952年，美国人类学家A.克鲁伯和克鲁克洪在《文化：一个概念定义的考评》中，对文化的定义进行过统计，从1871年到1952年共有166种。通过考察分析这些定义，他们把文化的定义大致划分为描述性的、历史性的、规范性的、心理性的、结构性的、遗传性的、不完整体性的七大类，然后对文化下了一个综合的定义：文化存在于各种内隐的和外显的模式之中，借助符号的运用得以学习与传播，并构成人类群体的特殊成就，这些成就包括他们制造物品的各种具体式样，文化的基本要素是传统（通过历史衍生和由选择得到的）思想观念和价值，其中尤以价值观最为重要。他们认为文化是一个成套的系统，文化的核心是价值观念；文化系统既是限制人类活动方式的原因，又是人类活动的产物和成果；不仅强调行为模式，而且强调它的符号性和传递特征。这个文化定义为现代许多学者所接受。

英国学者威廉斯在《文化分析》中列出了"文化定义的三个分类"：（1）文化的"理想"定义，即把文化看作人类完善的一种状态，是智慧、

---

① 转引自《文明与文化》，北京：求实出版社，1982，45页。
② E.卡西尔：《人论》，上海：上海译文出版社，1985，33页。
③ S.南达：《文化人类学》，西安：陕西人民教育出版社，1987，46页。

精神和美学的一个总的发展过程，认为文化是伟大传统中的最优秀的思想和言论；（2）文化的"文献式"定义，即文化是有记录的文化作品和活动；（3）文化的"社会"定义，即文化是对一种特殊生活方式的描述，不仅表现艺术和学问中的某些价值和意义，而且也表现制度和日常行为中的某些价值和意义。[①] 他认为，任何充分的文化理论都必须包括这些定义所指向的三个事实领域，它们应当作为文化的完整形态而呈现。

1982年，联合国教科文组织成员国在墨西哥城举行的第二届世界文化政策大会上，给文化下的定义是：文化在今天应被视为一个社会和社会集团的精神和物质、知识和情感的所有与众不同显著特色的集合总体，除了艺术和文学，它还包括生活方式、人权、价值体系、传统以及信仰。

关于文化，流行的说法还有：（1）人类实践和信仰的积累；（2）一种信仰的模式，铸就了社会中每一个人的人格；（3）一种思想和实践的系统；（4）一种无意识的结构，它产生人类的思想和行为；（5）一种在社会交往中起作用的共同的信号；（6）人类适应自然的一种体系；（7）一种活生生的有机体；（8）展示人之本质的符号系统。

（二）中国学者的论述

在我国，"文化"一词出现很早。《易经》卦辞中说："文明以止，人文也。观乎天文，以察时变；观乎人文，以化成天下。"汉代许慎的《说文解字》有："文，错画也，修饰也；化，教行也，变也。"这个文化的含义是顺应天象变化而形成的人的规范性的社会行为。在古代文字中，"文"与"纹"相通，其含义为条纹，条纹是宇宙世界变化过程某

[①] John Storey. *Cultural Theory and Popular Culture: A Reader*, 2nd. Hemel Hempstead: Prentice Hall, 1998, p.48.

些事物留下的、圆状印记，例如，一年四季气候变化，在树木生成变化中留下的年轮，它暗含着上天变化积淀形成的或表现出来的规律性。在这个意义上，"纹"又通"理"，只不过"纹"侧重天体变化，而"理"侧重于地上事物变化。石器时代、青铜时代，器物上的装饰图案、符号就是"文"（"纹"），就是"色彩交错"、好看的"纹理"、文字符号等，推广开来就有"使……变得有条有理、合理、好看"的意思。孔子把文和质、野对立起来使用。《论语·雍也》中载："质胜于文则野，文胜于质则史。文质彬彬而后君子。"孔子还说："远人不服，则修文德以来之。"就是"以文服人""以文化人"。司马迁在《答孔文仲司户书》中说：古之所谓文者，乃诗书礼乐之文，升降进退之容，弦歌雅颂之声。唐代李翱《李文公集·杂说》载：日月星辰经乎天，天之文也。山川草木罗乎地，地之文也。志气语言发乎人，人之文也。志气不能塞天地，言语不能根教化，是人之文纰缪也。他认为人文是最重要的。进一步而言，人文在于作为人发展所具有的规律性。当事物发展变化，在人行为中透视出来，并形成一定的定式时，便有了"文化"的含义。因此，在中国的古籍中，"文"既指文字、文章、文采，又指礼乐制度、典籍、法律条文等，在此基础上抽象出美、善、德这类外延；而"化"则有"教化""教行"的意思。"化"，甲骨文像两个人一正一反，表示一个事物的两个方面。化，本义为化易、生成、造化、变化等，引申为教化、风化、感化，就是"变、改变"，包括"使……（完全地）变成……"的意思。"观乎人文，以化成天下"就可以解释成"用人（文）化了的东西，再来造就人的世界"。汉代刘向的《说苑》第一次把"文化"连用："凡武之兴，谓不服也；文化不改，然后加诛。"指的是"文治和教化"。晋束皙的《补亡诗·由仪》中说"文化内辑，武功外悠"，所谓"文化"是指文治修远和人伦教化。南朝王融的《曲水诗序》中有"设神理以景俗，敷文化以柔远"之说。这种意义一直延续到近代。中国古代曾经称天子管辖不到的地区为蛮夷之区，对没有接受文治教化的民众称为化外之民。天子对内施以文化,对外也以文化之。文化,其实就是"人化"和"化人":"人化"是指按人的方式改造整个世界,使任何事物都带上人文的性质;"化人"则是反过来,再用这些改造世界的人文成果来提高人、装备人、造就人,使人的发展更全面、更自由。

梁漱溟在《东西文化及其哲学》(1920)中认为:文化乃是"人类生活的样法"①,所谓文化不过是一个民族生活的种种方面。总括起来,不外三个方面:(1)精神生活方面,如宗教、哲学、艺术等是。文艺是偏重于感情的,哲学科学是偏重于理智的。(2)社会生活方面,我们对于周围的人——家族、朋友、社会、国家、世界——之间的生活方法,都属于社会生活方面,如社会组织、伦理习惯、政治制度及经济关系是。(3)物质生活方面,如饮食起居和享用,人类对于自然界求生存的各种是。②文化,就是吾人生活所依靠之一切。文化之本义,应在经济、政治,乃至一切无所不包。③他从民族生活的角度对文化加以阐释,文化的含义广泛。

1920年,蔡元培在《何谓文化》的演讲中,提出"文化是人生发展的状况",列举出衣食住行、医疗卫生、政治、经济、道德、教育、科学等事项。④

陈独秀不赞成文化无所不包,力主文化"是文学、美术、音乐、哲学、科学这一类的事"⑤。

孙中山认为:简单地说,文化是人类为了适应生存要求和生活需要所产生的一切生活方式的综合和他的表现。⑥

---

① 梁漱溟:《东西文化及其哲学》,上海:商务印书馆,1929,53页。
② 《梁漱溟全集》,第一卷,济南:山东人民出版社,1989,339页。
③ 梁漱溟:《中国文化要义》,上海:学林出版社,1987,1页。
④ 蔡元培:《何谓文化》,载《蔡元培美学文选》,北京:北京大学出版社,1963,113页。
⑤ 陈独秀:《独秀文存》,第2卷。
⑥ 转引自《文化哲学讲演录》(第二卷),台北:东大图书公司,1982,155页。

陈序经在《文化学概观》中介绍了各种关于文化的定义，如文化是文学、文雅、道德、美术、学术、精神、进步、能力等，他认为，文化不外是人类为着适应自然现象或自然环境而努力利用这些自然现象或自然环境的结果。①

钱穆指出："文化既是人生，文化是我们大群体人生一总合体，亦可说是此大群体人生一精神的共业。"

钱学森认为："文化是精神文明的客观体现。"②

冯天瑜等在《中华文化史》中提出，文化就是人类化，是人类为了生存，将自然人化、人类化、对象化的过程及其产生物质精神文明的总和。③

司马云杰认为"文化乃是人类创造的不同形态的特质所构成的复合体"④。

钟敬文指出：凡人类（具体点说，是各民族、各部落乃至于各氏族）在经营社会生活过程中，为了生存或发展的需要，人为地创造、传承和享用的东西（如语言、文学、艺术、道德、哲学、宗教、风俗等），当然还有那些为取得生活物资的活动（如打猎、农耕、匠作等）和为延续人种而存在的家族结构及其他各种社会组织，皆可称为文化。⑤

李汉林提出，可以将文化理解为具有器物特征、艺术特征和认知特征的复杂集合体，它隐含在各种不同的社会制度中，溶化为人们的价值观念和行为规范，从而形成了一个特定社会群体或特定社区的生活方式，制约着人们的社会行为。⑥ 文化的器物特征主要是指人们因生存或求知的需要，应用或采用特定的工具或器物。文化的艺术特征主要是指通过文学、音乐、绘画、舞蹈、歌唱、装饰等艺术形式所表现出来的文化。文化的认知特征主要是指人们对所处的自然环境、历史传

---

① 陈序经：《文化学概观》，北京：中国人民大学出版社，2005，28页。
② 钱学森：《社会主义精神文明建设与文艺工作》，载《文艺研究》，1987（1）。
③ 冯天瑜等：《中华文化史》，上海：上海人民出版社，1990，26页。
④ 司马云杰：《文化社会学》（第五版），北京：华夏出版社，2011，9页。
⑤ 钟敬文：《话说民间文学》，北京：人民日报出版社，1990，35页。
⑥ 李汉林：《科学社会学》，北京：中国社会科学出版社，1987，233页。

统以及人际关系的认识和了解的总和。文化的艺术特征和认知特征也被称为精神文化。在一些物质文化当中，凝结着一个民族精神文化的魅力，而精神文化在一定的条件下也必须通过物质文化才能体现出存在的价值。

郭湛认为，文化是人类社会的特征和实质，文化最为突出的特征或最具有根本性的内容是生活方式、行为方式和意识方式，概括说来就是人的活动方式，而在这种活动之中内含着人的价值追求。文化在本质上是相对稳定的人为的程序和为人的取向的统一。文化是一种人为的程序，文化程序由取向引导，文化取向是为人的，文化以人为中心，文化具有稳定性与变动性。[①]

罗长海认为，所谓文化，是人对环境挑战所做的应战，包括应战的过程和结果，以及在应战过程中逐步发展起来、在应战结果中充分显示出来的人的本质力量。[②]

文化就是人化，是"人的本质力量"的形成和显现，是人性形成和完善的过程。

张汝伦说：文化可以说是人与自然、人与世界全部复杂关系种种表现形式的总和。[③]强调文化的总体性和复合性。

蔡俊生等这样界定文化：如果把人类社会看作一个向自然开放的系统，那么这个系统的信息控制机制就是文化。也就是说，文化的本质是社会信息。[④]文化是由共识符号系统载荷的社会信息及其生成和发展。[⑤]

刘守华认为，文化是人类为求生存发展，结成一定社会关系，进行种种有社会意义的创造活动，是这些活动方式、活动过程及其成果的

[①] 郭湛：《文化：人为的程序和为人的取向》，载《中国人民大学学报》，2005（4）。
[②] 罗长海：《创新文化与企业创新价值观的塑造》，载《中国人民大学学报》，2005（4）。
[③] 张汝伦：《文化研究三题议》，载《复旦大学学报》，1986（3）。
[④] 蔡俊生、陈荷清、韩林德：《文化论》，北京：人民出版社，2003，9页。
[⑤] 蔡俊生、陈荷清、韩林德：《文化论》，北京：人民出版社，2003，31页。

整合。①这个定义强调集体创造和集体行为，突出文化的社会意义和价值。

陈华文认为：所谓文化，就是人类在存在过程中为了维护人类有序的生存和持续的发展所创造出来的关于人与自然、人与社会、人与人之间各种关系的有形无形成果。②

文化研究成为多学科共同关注的热点，是哲学、美学、文学、艺术学、社会学、人类学、民族学、伦理学、政治学、历史学、传播学、文献学，甚至经济学、法学所共同关注的对象。它的出现是社会转型的产物，是文化在当代世界社会生活中地位相对经济、政治发生了重大跃升的产物，是人文社会领域范式危机、变革，需要打破传统学科界限，重新确定学科研究对象、厘定学科内涵与边界的产物。学科的划分起因于人认识把握对象的需要，它是一种主体的假设，一种筹划或投射，一种框架的设定或到达对象的途径、角度的选择。文化研究本质上的多样性，呼唤人文社会学科的"综合治理"——形成由不同学科切入、遵循不同学科方法进行研究的多元话语方式。③文化不是自然生成的，而是长期的、人为的结果，文化的存在和流传有着自己的规律和特征。对于文化的研究，必须具备多学科视野。

"文化"一词的中西来源虽然不尽相同，但殊途同归。由于文化更多的是通过形而上的无形的精神属性来刻画的，似乎有点让人捉摸不透，各种表述层出不穷。

目前，关于文化的定义已有数百种，但仍是一个悬而未决、争论不休的问题。基于不同的学科和不同的视角，对文化现象进行分析考察所得出的观点自然就不会相同。归纳起来，大体可以划分为广义和狭义两种。广义的文化指人类创造的一切物质产品和精神产品的总和。狭义的文化专指语言、文学、艺术及一切意识形态在内的精神产品。

具体一点说，文化是特定的人群或组织于一定的环境中，从生存与

---

① 刘守华主编：《文化学通论》，北京：高等教育出版社，1992，6页。
② 陈华文主编：《文化学概论新编》，北京：首都经济贸易大学出版社，2009，12页。
③ 金元浦：《文化研究：学科大联合的事业》，载《社会科学战线》，2015（1）。

发展的需要出发，通过创新而发展起来的一套模式，这套模式中的社会成员群集互应，有着共同的心理习惯、思维定式、人生态度、工作方式等，以价值观念为核心，通过学习、认知等社会行为，使人们彼此沟通和融合，并承继和延续下去。文化是指人的生存、生活方式及其所追求的价值，表现于人们实际"所思、所言、所为"之中。

二、文化特性分析

对文化的认知各有不同，但还是有一些能达成共识的特性。

文化的内涵极其丰富，而且随着社会发展，其内容也相应地发生改变，从而造成了文化定义的多样性。实际上，每一种定义包含着对文化特性的概括。因此，选择不同的观测点，关于文化特性的见解也就不相同。

美国人类学家赫斯科维滋在《文化与个人》一书中对文化的特性做了一些总结：（1）文化是学而知之的。（2）文化是由构成人类存在的生物学成分、环境科学成分、心理学成分以及历史学成分衍生而来的。（3）文化具有结构。（4）文化分为各个方面。（5）文化是动态的。（6）文化是可变的。（7）文化显示出规律性，它可借助科学方法加以分析。（8）文化是个人适应其整个环境的工具，是表达其创造性的手段。[1]

在《中国大百科全书》中，文化的本质被归为五个方面：（1）文化是由人类进化过程中衍生出来或创造出来的。自然存在物不是文化，只有经过人类加工制作出来的东西才是文化。（2）文化是后天习得的。文化不是先天的遗传本能，而是后天习得的经验和知识。（3）文化是共有的。文化是人类共同创造的社会性产物，它必须为一个社会或群体的全体成员共同接受和遵循，才能成为文化。（4）文化是一个连续不断的动态过程。文化既是一定社会、一定时代的产物，是一份社会遗产，又是一个连续不断的累积过程。（5）文化具有民族性和特定的阶级性。

---

[1] 克莱德·克鲁克洪：《文化与个人》，杭州：浙江人民出版社，1986，5-6页。

文化的特性可以从以下方面去认识。

第一，文化的核心是价值观。

这是一定社会群体与组织的共同价值观念，它以隐性方式储存于一定的社会群体与组织，绝不会因为构成其中个体分离而走样。价值观是文化构成最为核心的部分，它外化成为人的行为规范，使人在采取行动时按照一定模式或定式进行。价值观还可以通过人的行为方式，进一步与外界事物之间发生作用，从而物化，形成物质财富。

第二，文化的超自然性。

超自然性是指文化深深地烙上了人智力的印记，超越了自然界本身，这种超越不仅仅是自然事物，而且还包括人的本能。

第三，文化的根本在于"人化"。

凡是人化了的东西就是文化，这既包括外在自然的人化，也包括内在自然的人化。文化使人人化，使人成为人，用人文来教化人。文化是人为的，是人创造的、人工实现的。人的实践活动，使人从纯粹的、自然意义上的生物人，发展成为人类的人、社会的人。而人的进一步教化，又使人从某一种文化分化出新的文化。从发生的生成角度来看，人化还是化人，即把非属人的东西转化为人的东西，把非人的属性转化为人的属性。文化的流传是通过人本身的再生产即人的生命的代代延续而实现的。文化体现了一定人群的思维模式和行为模式。人创造了文化规范，又用文化规范来制约自己。

文化是人的实践建构起来的，是满足需求的方式。文化首先是人与自然互动建构的产物，其次是人与人之间受自然引导而进一步建构发展，再次是社会发展与人相互作用产生的建构效应而产生的结果，此外有文化自身内在演化建构作用。这种建构体现了主体与客体、过程与结果、手段与目标、形式与内容的统一。因此，文化是人类实践活动的各种过程、方式和成果的复合整体，包括人心智的内在塑造和外在世界的建构。人用精神文化、制度文化来满足群体生活的需求。

第四，文化的社会性，又称超个体性、群体性、整体性和联系性。

文化具有超个体性、群体性，意味着文化是在人类的群体活动中体现的，是为满足群体的需要而创造，为群体所享用，通过社会群体来积累、持续与传播的。

文化是社会关系，也反映在社会结构之中。社会结构积淀着文化，而文化则通过社会结构反映出来。人作为社会的要素，是社会结构的重要成分，社会结构是具体的社会组织，如家庭、氏族、政府部门等，而文化则透过这些社会组织所映射出来的社会关系来体现，如儒家文化所宣扬的父子关系是文化，而中国人通行的父系家庭则属于社会结构。

文化附着于社会，不同的社会有不同的文化。

文化具有整体性，是一定人类共同体对形形色色的文化个性进行整合的结果，也即文化同一性、统一性、普遍性、共同性，形成共同的文化心理、共同意识。

第五，文化体现在象征、符号和语言之中。

象征、符号和语言都是文化的替代物，它们当中有文化，但文化不是象征、语言和符号，而是积淀在这些替代物中。象征、语言和符号把人与人之间的关系联结起来，进而使潜在其中的文化又渗透到不同的个体中。人们依靠这套替代物来表达文化的价值观念，相互沟通，延续人们对生存与发展的态度和知识。社会通用的符号系统则是每个人享用人类文化的工具。

第六，文化的时间性、变异性、动态性。

文化的时间性，指文化发展中的持续性、绵延性或阶段性、间断性。文化是在一定时间中形成、存在和延续的，主要体现为文化在历史长河中的纵向特性，包括：（1）文化在量上的累积和延续。（2）文化在质上的变异和区分。随着时代发展，文化会添加一些的新内涵，即发生变异。（3）文化特质在流变过程中的暂时性或长久性。文化在人类的世代繁衍中与时间同行，形成文化传统。文化在时间中表现出保守与变革的统一，是在连续性中的发展。

文化，从词性上，甚至在定义上，大多把它作为名词，或从名词上理解，其实这仅仅是文化个性，而不是文化的共性，文化共性是它的动态性，即它还是一个动词，只有把文化看作动态而不是静态的，文化的深刻含义才能被挖掘出来。因此，并不存在实证论的、实体的、一成不变的、终极实现的文化，而只有存在论的、功能的、发展变化的、日趋丰富的人的文化。人文进化无论对于个体还是组织或群体，都处在不断的流动之中。

余秋雨说：不要认为出土文物、历史文献等是文化，准确地说，这些是文物；文化是创新，是活的源泉，是现实生活中的思想意识流。李鹏程指出：所谓"传统""旧文化"都不是以"过去"的方式存在着，而是以现时态的方式存在着，它们不是存在于过去，而是存在于现代之中，存在于现代人们的行为方式、思维方式之中，存在于我们的实践状态和精神状态之中。①

第七，文化的空间性。

文化的空间性指文化发展中的地区性和广延性。人总是生活在一定的空间中，文化的空间性包括文化与生态环境和社会人文环境的关系，涉及文化在空间的发源、传播，而物质文化的成果占据一定的空间，非物质文化也有一定的空间分布。还有文化与地域的关系，需要从空间上考察。

第八，文化的环境适应性、传承性。

文化是适应环境的方式，从根本上说源于创新。人靠文化来适应环境，又用文化来改造环境。只有创新，才能创造文化，这是文化产生的必要条件。创新在于创造一种新的实践行为，其目的在提高人类认识自然、改造自然的效率，具体来说，在于提高的人的实践活动的效率，

---

① 李鹏程：《当代文化哲学沉思》，北京：人民出版社，1994，383页。

一旦有高效率的创新实践活动出现，就有可能产生模仿，而模仿结果则使人们从这种高效率的实践中获得更多的收益，久而久之，就形成习惯，习惯成为自然，自然而然就有了文化。因此，文化的起源是讲理性的，而已形成的文化却往往难以体现出这一点，更多是让其承继者接受它，借以自发的方式来学习、传播、扩散等，从后来者的角度来说，文化是习得的。

文化的传承性指其累积，或历史继承性。任何时代的文化，都是在前代文化的基础上形成和发展起来的。对个体来说，文化是后天习得的，正是通过世代积累、继承，人类文化才变得日益丰富和进步。

第九，文化具有一定的独立性、稳定性。

文化的产生和发展都有一定的独立性，依赖于自身的积累，表现出一定的稳定性和独立性；而且，对于人来说，文化也是一种外在的力量，具有独立存在的意义。文化的稳定性即恒久性，通过过去与现在的延续性而体现，以传统为基础，世代相传，绵延不绝。

第十，文化具有明显的自组织性、系统性。

在一定的社会环境中，文化通过习惯而自发地使人的各种社会行为沿着一定的规范前进，或以一定规范自发地采取社会行动。文化正是通过它所具有的社会关系，使有共同文化基础的人聚集在一起，形成各式各样的社会组织，从事某类或某种行为，从而形成相对有序的行为结构体系。文化使众多的人的相互作用表现出非线性特征，而这种非线性相互作用又使人与人之间互动而相互构建成为整体，凝聚成为功能巨大的社会力量。

文化是由多种要素按一定结构组合而成的系统，具有系统性。

第十一，文化的民族性、差异性、多元性。

文化的民族性指一定民族在历史上所形成的区别于其他民族的文化特殊性，如生活方式、习俗、语言、思维方式、心理、性格以及宗教、礼仪、制度、艺术风格等。

文化的差异性指不同的地区、不同的民族的文化差别，涉及地域、历史及心理等方面的差异，主要表现为人类信仰和行为的差别。

文化具有多元化特征，也即多样性，形成多种多样的模式。

第十二，文化有极强的柔性、包容性。

文化有自身演变与发展的趋向和内在的结合力，使任何一种外来的力量或文化，想要取代或置换一种文化所要受到的阻力，甚至比一场战争还要大得多，一个国家可以取得一场战争的胜利，却不能征服一个民族的文化，有时还会反过来，被战败国的文化所同化，文化柔性力的坚韧弹性会消融其对手的排他性。文化也具有容纳、包容性，能够融汇各方、多种要素。

刘守敬等人在《文化学通论》中认为，文化具有贯通时空的普遍性、永恒性与具体形态的民族性、阶级性和时代性。在所有人类的活动的时空中，都存在着文化，这是文化的普遍性和永恒性。与此相对应，在具体的活动中，不同的民族，文化是不相同的，就是说，不同的民族有不同的文化；同时，文化还与一定的阶级与阶层相联系，具有阶级性；此外，随着时代的发展和社会的进步，文化还不断地改变它的形式和内容，具有鲜明的时代性。

文化还具有政治性、经济性，对各方面具有极强的渗透性、持久性，这些都需要具体研究。

三、文化何以为学

文化是众多学科研究的对象，文化研究具有跨学科、交叉性、总体性的特征。"文化"能否成"学"？中外许多学者相继提出建立"文化学"的设想。

（一）国外文化学研究溯源及其发展

有人把文化学的源头追溯到上古时代，认为希罗多德（公元前484

年—前425年)是"人类学之父"。希罗多德撰有《历史》(即《希腊波斯战争史》,共九卷),把希腊文化与埃及、巴比伦文化做了比较,体现了一定的文化观。修昔底德(公元前460年—前400年)有文化进化和文化结构的观念。

17世纪,德国法学家S.普芬多夫首次提出"文化"是一个独立的概念,即文化是人的活动所创造的东西和有赖于人与社会生活而存在的东西的总和。

1725年,意大利哲学家维柯的《新科学》出版,开创了近现代学术意义的文化研究。法国启蒙思想家伏尔泰等提出,文化是一个不断向前发展的、使人得到完善的社会生活的物质要素和精神要素的统一。孔多赛等从历史学和历史哲学的角度探讨文化问题。

德国启蒙思想家赫尔德尔在《人类历史哲学概要》中给文化的定位是:第一,文化是一种社会生活模式;第二,文化代表一个民族的精华;第三,文化有明显的边界,作为一个区域的文化,区别于其他区域的文化。

1838年,德国学者列维·皮格亨在《动力与生产法规》中使用德文"Kultur Wissenschaft"即"文化科学"一词,主张全面系统地研究文化,试图建立一门"确定或认识人类与民族的教化的改善上所依赖的"[①]法则的文化学。

德国学者C.E.克莱姆的《人类普通文化史》(十卷本)于1843—1852年分批出版,《普通文化学》(两卷本)于1854—1855年出版,其中均使用了"文化学"一词。他给文化下了一个具有现代精神的定义,认为文化即习俗、工艺和技巧;和平和战争时期的家庭生活和公共生活,宗教、科学和艺术[②]。他把文化进化分为野蛮、养驯、自由三大

---

① 转引自陈序经:《文化学概观》,长沙:岳麓书社,2010,60、65页。
② 转引自[美]菲利普·巴格比:《文化:历史的投影》,上海:上海人民出版社,1987,9页。

阶段，强调了地理与人文的关系。其后，在德文中使用"文化学"一词，变得很普遍。德国哲学家赫尔德等对文化的启蒙作用给予了关注，着力解决民族和传统，社会和生产与文化等的问题。

19世纪中叶之后，文化人类学兴起，对文化现象的认识有了新的突破。泰勒在《原始文化》第一章用"The Science Of Culture"（文化科学）作为标题，以一种简洁的风格陈述了文化学的观点，勾勒出文化科学的轮廓。[①] 泰勒说：人类社会中各种不同的文化现象，只要能够用普遍适用的原理来研究，就都可成为适合于研究人类思想和活动规律的对象。一方面，在文明中有如此广泛的共同性，使得在很大程度上能够拿一些相同的原因来解释相同的现象；另一方面，文化的各种不同阶段，可以认为是发展或进化的不同阶段，而其中的每一阶段都是前一阶段的产物，并对将来的历史进程起着相当大的作用。[②] 泰勒被认为是"西方文化学之父"。

之后，许多人类学家如克鲁伯、罗维（R.Lowie）、莫多克和其他人，都使用过"文化科学"一词。杜尔凯姆（Durkheim，1858—1917）、克鲁伯、罗维、斯勒（C.Wissler）和其他许多人发展了这门新兴科学。然而，进展并不顺利，也未曾持续下去。后来，出现了对文化学观点和目标的离弃。[③]

19世纪晚期出现的以狄尔泰、文德尔班、李凯尔特、卡西尔为代表的新康德主义十分注重文化科学与自然科学的关系与分界问题。李凯尔特认为文化科学是以历史为基础的、以价值观为导向的科学，"文化科学"的提出对构建文化理论具有积极的作用。

---

① L.A.怀特：《文化科学——人类文明研究》，济南：山东人民出版社，1988，序言3、393页。
② 泰勒：《原始文化》，上海：上海文艺出版社，1992，1页。
③ L.A.怀特：《文化科学——人类文明研究》，济南：山东人民出版社，1988，序言3、393页。

新康德主义者文德尔班（1848—1915）和李凯尔特（1863—1936），研究了文化哲学、价值哲学以及文化科学与自然科学的关系。生命哲学家狄尔泰（1833—1911）把科学分为自然科学和精神科学，把社会和人文科学称为"精神科学"，而以"文化体系学"作为精神科学的主干。

马克斯·韦伯（1864—1920）对宗教和经济这两种文化现象做了关联性解释。社会学对文化的研究，给文化学注入了营养液。杜尔凯姆建立了"文化社会学"体系之后，文化被视为社会生活中的主要事实，成为社会学的研究对象。

美国学者阿尔弗雷德·路易斯·克鲁伯（1876—1960）最先从事现代文化学理论研究，著有《文化成长的形貌》《文化发展的结构》《我们和文化》等。他认为，文化具有清晰的内在结构和层面，有自身的规律，有必要建立一门独立的学科——文化学，以对人类独特的文化现象进行系统的研究，他提出了一整套概念工具，成为现代文化学的基本概念和理论，如文化构架、行为模式、符号系统、原型文化、文化价值观、文化系统、文化动力学、文化工程学、文化心理学，等等。

1901年，美国学者霍尔姆斯（W.H.Holmes）首次提出"cultural anthropology"（文化人类学）概念，与从生物特性角度研究人的体质人类学相区别。文化人类学的研究对象是"文化与人"，可以说是从文化的角度研究人的学科。

1908年，英国学者J.弗雷泽提出"社会人类学"的名称。近几十年欧美一些国家则用"sociocultural anthropology"（社会文化人类学）一词。实际上，文化人类学、社会人类学与1607年出现的"民族学"（eyhnology）指的是同一门学科。但文化人类学有逐步取代社会人类学和民族学而成为通用术语的趋势。

1909年，德国化学家、诺贝尔奖获得者奥斯瓦尔德（1853—1932）在《文化学之能学的基础》中积极倡导在社会学之外另建文化学。他正式提出文化的科学——"文化学"的概念:"把人类种系与全部其他动物物种区别开来的这些独特的人种特性,都被包括在文化一词之中。因此,对这门关于人类特殊活动的科学可能最适于称作文化学。"他在1915年发表的《科学的体系》中说:"很久以前,我就提出将正在讨论的这个领域称作为文明的科学或文化学(Kulturologie)。"[①]他把科学分为阶(逻辑或数字)的科学、能的科学、生物科学,主张把研究人类根本特征的文化学置于"科学金字塔"的顶端。但是,这一创意未能引起重视。

可以说,文化学伴生于人类学或文化人类学。人类学演化形成了文化人类学,从文化人类学脱胎演变出了文化学。

19世纪下半叶到20世纪初,学界主要从精神文化方面去认识,偏重于把文化看成人类精神现象——宗教、信仰、思维、心理、语言、艺术等的反映。

美国的文化人类学家莱斯利·怀特(1900—1975)在1939年提出用"culturology"(文化学)来取代"science of culture"(文化科学)他力倡构建一门如同天文学、物理学、化学一样的专门以具有独立性的文化为研究对象的"文化学"。《文化的科学——人类与文明的研究》1949年出版。他指出:社会文化系统是一个概念、工具、习俗、信仰等等相互作用,彼此连接的庞大的网络。[②]他认为文化可以分为三个系统,即技术系统、社会系统和观念系统。怀特在《文化的科学——人类与文明的研究》一书中,主张将文化学从一般的自然科学和社会科学中划分出来。他说:随着科学领域的拓展,从心理现象与社会现象中划分出另一类现象,它被那些发现和分离出它的人命名为"文化"。对于事件的这个独特类别的分析与说明,被称为文化的科学……文化的

[①] [美]L.A.怀特:《文化科学》,杭州:浙江人民出版社,1988,389页。
[②] L.A.怀特:《文化的科学——人类与文明的研究》,济南:山东人民出版社,1988,177页。

科学若不是文化学,又能是什么呢?。文化学一词揭示人类有机体与超机体的传统,即文化,双方之间的关系,它是创造性的;它建立并确定了一门新的科学。①他把文化视为一个完整的体系,包括工艺、社会和意识形态三个分体系,倡导研究文化的普遍进化。他阐明了将文化作为专门研究对象的学理根据,从科学发展史和科学方法论角度论证了创立一门独立的文化学科的必要性。以该书和怀特的《文化的进化》(1959年)为标志,具有现代意义的文化学初步形成。怀特被誉为"文化学之父"。

美国文化人类学家 A.L. 克鲁伯也是现代西方文化学的创建者之一,他认为应建立一门独立的科学——文化学,他在文化研究上不拘泥于学科的流派,而是超越文化人类学和社会学的范畴,摒弃了自泰勒以来文化概念的发展观,对文化问题进行了"无理论性"研究,提出了具有相对独立性的文化学研究范式,属于真正现代意义的文化学范畴。

英国的马修·阿诺尔德认为,文化是对于完美追求,一种趋于对于思索与精神境界的向往……文化完全是企图接近那完美、文雅和发展的事物。②

美国行为主义心理学代表人物米德认为,社会互动通过个体经验和意识到的有意义的符号而发生,这些有意义的符号在相互作用的过程中逐渐规范化,其结果就是文化。这些观点被称为"符号互动论"。

发生论者认为,文化是社会互动及不同个人交互影响的产品。

皮梯利姆·索罗金的"文化进程论"认为,社会文化是一个体系,它又分为不同的社会层次,人们都处在文化体系中的不同层次地位上;社会文化体系的性质和内容决定着整个社会结构。

杜尔凯姆把文化看作社会事实,就是由社会全体成员在反复感觉和

---

① [美] L.A. 怀特:《文化科学》,杭州:浙江人民出版社,1988,393页。
② Gordon Mathew. *Global Culture/Individual Identity*. Routledge,2000,pp.1–2.

思考中作为一种制度固定下来的东西，这种制度就是文化。

第二次世界大战后，对文化的研究发生了历史性转折：由注重传统的乡土社会和未开化社会转向注重现代都市社会，由传统农业文化转向现代工业文化，并且将人们对文化的认识和文化理论问题作为研究对象，形成了梳理文化概念和综合分析各种文化理论成果的学术问题。发展到今天，文化学的研究对象和领域扩展到社会生活的各个层面，包括人类的物质文化、制度文化、精神文化、行为文化等各种文化现象。把政治活动、经济活动作为文化现象来研究，是当代文化学新发展的一个标志。文化研究越来越深入和形成体系。在全球化时代，人们对文化又有了新的认识。

塞缪尔·亨廷顿指出：第一，文化可以指一个社会的产物，即人们所说的社会的高雅文化、艺术、文学、音乐和大众文化或者叫民间文化。第二，人类学者在一个更宽泛的意义上所说的文化，是指一个社会整个的生活方式、社会制度、社会结构、家庭结构以及人们所赋予它们的意义。第三，其他学者，尤其是政治学家，把文化视为某种主观的东西，意味着信仰、价值观、态度、取向、假定、哲学，即一个特定群体的世界观。[①]他认为文化的核心要素是语言和宗教。他还指出：21世纪是作为文化的世纪开始的，各种不同文化之间的差异、互动、冲突走上了中心舞台，这已经在各个方面变得非常清楚。在一定程度上，学者、政治家、经济发展官员、士兵和战略家们都转向把文化作为解释人类的社会、政治和经济行为最重要的因素。

俄罗斯文化学家科冈认为，文化的本质特征赋予文化两个组合：（1）实体组合是文化的"躯体"，是它的实体的基础，包括文化价值——使该时代的文化以及文化的规范及其对每一个社会成员的要求的作品。

[①] 塞缪尔·亨廷顿：《再论文明的冲突》，载《马克思主义与现实》，2003（1）：20。

法、宗教和道德规范，人们日常生活和交往的规范均属于此。（2）功能组合揭示文化运动的过程，包括：保证文化发挥功能的传统、风俗、礼仪、禁忌等。这两种组合是相互关联的。

1998年，联合国教科文组织在《文化政策促进发展行动计划》中指出：发展可以最终用文化概念来定义，文化的繁荣是发展的最高目标。文化的创造性是人类进步的源泉。文化多样性是人类最宝贵的财富，对发展是至关重要的。

2001年11月2日，联合国教科文组织大会第31届全体会议通过的《世界文化多样性宣言》指出：应把文化视为某个社会或某个社会群体的特有的精神与物质、智力与情感的不同特点之总和，除文学艺术外，还应包括一个社会的生活方式、处世哲学、价值体系以及传统与信仰，等等。各国应在相互信任与理解氛围下，尊重文化多样性。宽容、对话及合作是国际和平与安全的最佳保障之一。文化在各不相同的时空中会有各不相同的表现形式。这种多样性的具体表现形式，便是构成各人类群体所具有的独特性和多样性。文化的多样性是交流、革新和创作的源泉，对人类来说，保护它就像与保护生物多样性进而维护生物平衡一样必不可少。从这个意义上讲，文化多样性是人类的共同遗产，应当从当代人和子孙后代的利益考虑予以承认和肯定。

2001年，联合国开发计划署在《人类发展报告》中指出：人类发展涉及创造一种环境，在这种环境中民众可以充分实现他们的潜力并导向同他们的需要和利益相一致的建设性的和创造性的生活。人民是各国的真正财富。发展的目的是实现民众所珍视的生活而扩大他们的选择。

20世纪，西方出现许多文化学研究者，如美国的博阿斯、本尼迪克特、米德、杜威、克鲁伯、林顿、怀特、斯图尔德；法国的杜尔凯姆、布留尔、莫斯、布罗代尔、斯特劳斯；英国的马林诺夫斯基、布朗、汤因比；奥地利的施密特、弗洛伊德；德国的奥斯瓦尔德、韦伯、卡西尔，等等。他们从文化人类学、哲学、历史学、心理学、美学、经济学等学科多角度对文化研究做出了贡献。他们的理论和思想成为文化学构建的重要基础。

英国人类学家马林诺夫斯基认为文化论是一种统一所有社会科学并充当其基础的理论科学。

20世纪50年代,苏联学术界开始从一般意义上对文化进行研究。1969年,出版了Э.С.马尔卡良的《文化论纲》。1976年苏联出版了A.N.阿尔诺利多夫的《马克思列宁主义文化理论原理》。80年代,"文化学"作为一门独立学科已得到公认。1983年,出版了Э.С.马尔卡良的《文化理论和现代科学》。1984年出版了A.N.阿尔诺利多夫主编的《文化进步与哲学问题》。还有鲍戈柳勃娃的《文化和社会》、恰夫恰瓦泽的《文化和价值》、捷明丘诺克的《人和文化》,等等。1985年,当时的苏联哲学研究所在制定1986—1989年的研究规划中,把文化学的某些理论问题列为五个主要研究方面的第四个方面。苏联文化学研究具有两大特点:第一,如民族学、人类学、考古学、文学、语言学科只对它起到提供材料、促进生长的作用;第二,比较偏重理论研究,主要通过理论探讨摸索发展通路。它既吸收和借鉴了西方文化学中的有益之处,又从唯物史观立场出发,坚持文化和社会发展与人的创造联系起来,为文化学的研究提供了新的视角和高度。[①]

俄罗斯联邦教育部推荐高校大学生使用的教材有安娜·尼古拉耶芙娜·玛尔科娃的《文化学》、叶琳娜·米哈伊洛芙娜·斯科瓦尔佐娃的《文化理论与俄罗斯文化史》,这些是在俄罗斯有重要影响的文化学著作。《文化学》一书对"文化学"的定义是:文化学是关于文化的科学,它所研究的是全人类和各民族文化进程的客观规律,以及人类物质及

[①] 参见向翔:《哲学文化学》,昆明:云南人民出版社、云南大学出版社,2013,9页.

精神生活的遗产、现象和事件。①该书介绍了文化学的本质、功能，科学与文化，文化与宗教，20世纪的文化等。

文化研究已进入一些大学的学科建制，授予专门的学位。

澳大利亚文化研究学者格雷姻·特纳曹指出，文化研究已经对建立在人文科学和社会科学之内的学科正统提到根本挑战，能够对文化在社会中的功能做出更充分、更丰富和更复杂的理解。这种文化研究的新趋势，需要我们构建综合性强的、大尺度的文化学，开展独具特色的文化学研究方法。

文化学侧重于从横向来研究文化现象，注重研究文化发展的规律以及文化元素之间相互作用的内在机制，从文化现象中概括出反映客观现实的概念和范畴来构建理论体系，并且注重文化研究方法的探讨。

（二）我国文化学研究掠影

在我国，关于"文化"的著作已数不胜数，关于"文化学"的研究也形成一定气候。试做一番粗略的掠影。

我国提出"文化学"一词的，以李大钊为最早。他1924年在《史学要论·历史学的系统》一书中指出，最广义的历史学有三大系统：普通历史学、特殊历史学和历史哲学。特殊历史学又分理论与纪述两部分。理论之部，指政治学、经济学、法理学、伦理学（道德学）、宗教学、文学、哲学、美学、教育学等的综合，将之看作一个整体性的现象进行论述和考察的历史研究，尚有人文学或文化学成立的必要性②。此处所谓"文化学"与我们现在理解的文化学还不一样，但其首议之功不可没。

---

① ［俄］安娜·尼古拉耶芙娜·玛尔科娃：《文化学》，兰州：敦煌文艺出版社，2003，1页。

② 杨琥编：《中国近代思想家文库·李大钊卷》，北京：中国人民大学出版社，2014.

1926年，张申府在《文明或文化》一文中使用了"文化学"一词，他认为，为取以往各种文化之陈迹而研究之，或设立一种"文化学"，定不会白费功夫，这也是今日目标宏远的社会学者一桩特别的责任。20世纪30—40年代，我国学者对文化学进行研究的有黄文山、陈序经、阎焕文、朱谦之、孙本文、费孝通等，他们或开设文化学课程，或出版文化学论著。黄文山1932年发表《文化学建设论》《文化学方法论》等文章，被认为是中国文化学学科的较早提倡者。他希望综合文化人类学、文化社会学、文化史学等学科，建立一门研究文化现象的形态、发生、变化、规则等方面问题的客观的文化学科，著有《文化学体系》(1968)、《当代文化论丛》(1971)、《文化学及其在科学体系中的位置》(1983)，在借鉴西方文化学成果的基础上提出了自己的理论，"三十年如一日"地倡建文化学。阎焕文撰有《文化学》。朱谦之的《文化哲学》1935年出版，《文化社会学》1948年出版。他还写了《中国文化之命运》一书。1932年，孙本文的《社会的文化基础》出版。1940年，费孝通翻译了英国文化人类学家马林诺夫斯基的《文化论》。

陈序经在1928年提出"文化学"是自有其对象、自有其题材的一门学问，研讨东西方文化问题；1932年完成《中国文化的出路》一书，1934年出版。1938年起他在西南联合大学讲授文化学课程。1947年，陈序经的《文化学概观》出版，这是中国第一部比较全面系统地论述文化学学科内容的著作（2005年中国人民大学出版社再度印行）。该书分四册，各分两编。在第一册中，作者从自然现象和文化现象的分类导引出文化的概念，并通过与人类学、社会学等学科的比较来确定"文化学"的研究范围。第二册评介了伦理、宗教、政治和经济的文化观，论述文化的地理的、生物的、心理的和社会的基础。第三册涉及文化的性质、重心、成分等，分析文化的发生、发展、层累及发展的方向。第四册对文化进行回顾与前瞻，论述了文化发展中的几对关系，如自由与平等、模仿与创造、个人与社会、国家与世界等，对东西文化、南北文化做了比较。该书对文化的概念、构成、发生、发展、解释路径等问题，以及文化学学科的发展历史、人物和理论等，都进行了深入而详细的论述。

黄文山、陈序经曾经与美国构建文化学的倡导者怀特有过交流，怀特对他们构建文化学的努力给予了正面的评价，并引用两者的工作表现为自己构建文化学和使用文化学一词做佐证。①

据统计，1919—1949 年出版的文化与文化史著作有 100 多种。1949—1979 年的 30 年，国内仅出过《中国文化史要论》（蔡尚思著，1979）一部著作，一般意义上的文化学则无人问津。到港、台及海外的一批学者仍然进行文化学研究。

20 世纪 80 年代以后，中国掀起了"文化热"，学界重新出现了构建文化学的呼声。

1982 年，钱学森就呼吁建立文化学，他说：分散地提这门学问、那门学问不行了，要综合地提、全面地提，所以建议称这门学问为文化学。②他主张从整个社会系统来研究文化事业并建立这门学科。

近年来，关于文化史、文化哲学、文化社会学、文化人类学、传统文化的研究蔚为大观，也出版了一些文化学方面的著作。较早的有覃光广等编的《文化学辞典》（中央民族学院出版社，1988）；韩民清的《文化论》《文化的历程》（1989）；赵常林、林娅的《马克思主义文化学》（中国文化书院，1988）；顾晓鸣的《追求通观——在社会学、文艺学、文化学的交点上》（广西人民出版社，1989）；萧扬、胡志明主编的《文化学导论》（1989）等。

郭齐勇在《文化学概论》（湖北人民出版社，1990）中分析了人本

---

① 怀特：《文化的科学——人类与文明研究》，济南：山东人民出版社，1988，序，2 页。
② 钱学森：《研究社会主义精神财富创造事业的学问——文化学》，载《中国社会科学》，1982（6）。

主义的文化观和多样统一的文化观、文化人类学流派、文化多样性、比较文化及方法等,认为文化学是研究文化现象或文化系统的综合性的基础性学科。以对人的反思为背景,文化学研究尤其应强调其价值色彩,不仅要认识文化的特殊性和共性,而且要确定人类、民族、人自身在价值系统中的地位,为文化的选择和重构提供一个立足点。作者以研究中国哲学见长,其中不乏独特的思考。

刘守华主编的《文化学通论》(高等教育出版社,1992),内容涉及文化的结构、类型;文化与语言、制度、民俗、宗教、艺术、哲学、科技。由于作者长期从事民间文化研究,该书偏重于文学和民俗学。

陈华文主编的《文化学概论新编》(上海文艺出版社,2001),阐述了文化学的研究对象、范围和目的,形成和发展,研究方法,文化学与其他学科的关系;分析了文化的起源和发展、特征和功能、环境、时间与空间、符号与象征、继承与教育、变迁与冲突、民族性与时代性、主流与支流、传统与现代化、产业化与经营、主权与安全、硬实力和软实力等方面内容。

叶志坚主编的《文化学发展轨迹研究》(民族出版社,2004)分为孕育篇、初创篇、形成篇和中国篇,总结了文化学发展的历程。

吴克礼主编的《文化学教程》(上海外语教育出版社,2002),分析了原始文化与世界文化的历史类型,并分别介绍了西方文化、中国文化简史。

陈建宪主编的《文化学教程》(华中师范大学出版社,2004)分三编,论述文化、文化学、文化史。作者把文化分为物质文化、制度文化、精神文化、信息文化,分析了文化的起源、类型、模式、传统、变迁等,并对古今中外的文化学说、理论思潮做了梳理。该书每章后附有阅读材料。

王玉德的《文化学》(云南大学出版社,2005)为"高等学校文化管理类专业系列教材"之一。分为两编,上编为文化学理论,包括文化释义、文化学的创建、文化学流派、当代文化学的发展趋势、文化学理论范畴、文化学的方法等内容；下编介绍中国文化和当代世界文化思潮，探讨了哲学思维、宗教、信息传播、科学技术、人生与文化以及传统文化与现代化等问题。

向翔的《哲学文化学》(云南人民出版社、云南大学出版社，2013)其实就是文化学论著。除绪论外，包含四大板块：文化起源—本质论、文化结构—功能论、文化发展—规律论、文化更新—建设论。

相关著作还有：司马云杰的《文化社会学》(山东人民出版社，1987)、《文化价值论》(1990)；许苏民的《文化哲学》(1990)，胡潇的《文化现象学》(湖南人民出版社，1991)；李鹏程的《当代文化哲学沉思》(人民出版社，1994)；李荣善的《文化学引论》(兰州大学出版社，1996)；陈山的《痛苦的智慧——文化学说发展的轨迹》(1997)；；刘敏中的《文化学学·文化学及文化观念》(黑龙江人民出版社，2000)；蔡彦士、叶志坚主编的《文化学导论》(2003)；蔡俊生、陈荷清、韩林德的《文化论》(人民出版社，2003)；朱希祥的《当代文化的哲学阐释》(华东师范大学出版社，2006)；霍桂桓的《文化哲学论要》(北京出版社，2006)；祁进玉的《文化研究导论》(学苑出版社，2013)；郭齐勇的《文化学概论》(武汉大学出版社，2014)；邹文贵的《文化学十四讲》(北京大学出版社、黑龙江大学出版社，2015)；和磊的《文化研究论》(山东人民出版社，2016)；王晓鹏的《文化学概要》(福建人民出版社，2017)；张兵、熊花、常棣编著的《文化学概论》(知识产权出版社，2018)；等等。

在中国，对文化的研究也突出体现为对西方文化研究的述介及相关研究，如周宪、王晓明、王宁、金元浦、陶东风、陆扬、王毅等的研究。

一些大学开设了文化学及相关课程。"文化产业管理"在大学里成为相对热门的专业，文化学成为一门基础课程。

（三）文化学兴起的原因、特点及发展趋势

文化学研究的兴起，适应了时代和社会的需求。文化学是人类文化发展到一定阶段的产物，从总体上全面系统地研究文化成为迫切需要。在全球化的过程中，人们相互交往，需要互相了解其文化。文化是一个民族共有的精神家园，文化的民族性构筑了世界文化的多样性。文化是一种"软实力"，对社会发展起着不可替代的作用。

英国文化研究的代表人物约翰生说，文化研究有三个前提：第一，文化研究与社会关系密切相关，尤其是与阶级关系和阶级构形，与性分化，与社会关系和种族的建构，以及与作为从属形式的年龄压迫的关系。第二，文化研究涉及权力问题，有助于促进个体和社会团体能力的非对称发展，使之限定和实现各自的需要。第三，文化既不是自治的也不是外在的决定的领域，而是社会差异和社会斗争的场所。从阶级、种族、性别到权力和社会斗争，都清楚地表明了文化研究的政治意味和指向。这也许是文化研究应运而生的根据。

大众文化现象处于传统学科的视野之外，而批判理论、文学批评、话语分析、妇女研究、社会学和新政治经济学等则以不同的视野审视大众文化。

以往从各门学科涉及文化研究的状况已不适合形势的发展，文化学便应运而生。文化研究的兴盛是社会转型的产物，是文化在当代世界社会生活中地位相对经济、政治发生了重大跃升的产物，是人文社会领域范式危机、变革，需要打破传统学科界限，重新确定学科研究对象、厘定学科内涵与边界的产物。文化作为各相关学科共同面对的对象，自身也是多维度、多层次、多侧面，立体的、复合交叉、有机融合的。文化是多样统一的。它不是为学科研究而剖分、区划或存在的，而是自在的、浑然一体的、不断变化发展的。为了把握它和研究它，人们设定了不同学科的研究路径。学科的划分起因于人认识把握对象的需

要，是从某个方面、某个角度进行的，而现实的文化却是多样性的存在。在一定意义上，可以把文化研究的学科指向概括为"总体性"追求。文化研究是当代"学科大联合"的一种积极的努力。①

文化研究的跨学科研究方法，跨越了不同学科之间的鸿沟。人们不应该停留在文本的边缘，而应该探究文本如何适应生产体系，不同的文本如何成为生产类别或类型体系的部分，如何具有文本间的结构——如何表达特定历史环境中的话语。文化研究打破了学科界限。现实本身是跨学科的，任何学科的边界都是相对的。人文社会科学的许多重大突破和重大成果都是在多学科交叉处取得的。

文化研究本身就是一个过程，从来没有固定化。英国的文化研究就发生了不同的变异，尽管都已进入学科建制。事实上，文化研究一直处在不断变动、发展之中。

西方文化学有以下几个特点：

在理论和方法上，注重整体性研究。强调文化是一个整体系统，吸收系统论、控制论、信息论、突变论等现代科学理论，也吸收社会心理学、文化人类学等方面的研究成果。

在研究方向上，加强对"后工业社会""后现代"文化、文明适应性的研究，更注重文化作为一种知识被生产、储藏、传递以及应用等方面的问题。突出的研究课题如"文化价值与生活方式""公众参与与文化生活""信息时代的文化管理""新科技革命与文化环境"等。

在研究范围方面，较多关注媒体、信息传播特别是互联网对文化的影响，关注大众文化问题。

综合归纳各个领域、各门学科的文化研究成果，探索文化的普遍问题和现实意义，正是当代文化学亟待解决的问题。文化学与对文化的

---

① 金元浦：《文化研究：学科大联合的事业》，见文化研究网（http://www.culstudies.com）。

某个领域、某个方面进行研究的专业性学科不同，文化学是从整体上研究文化的产生、动态变化过程、文化现象和问题、文化发展规律的一种多视角、综合性的学科。

文化学独特的学科特征，主要表现为整体性、综合性、实践性、反思性、多元性等。[①]

文化学的走向，从最初研究史前时代，逐步发展到研究现代、后现代；研究范围从村落社区，发展到民族、国家，直至全球化；从侧重精神文化，发展到全面研究物质文化、政治文化、制度文化、社会文化、生态文化；从关注精英文化，发展到关注大众文化；从研究的单一性、简单性，发展到多样性、复杂性。

但是，文化学还没有学科化和体制化，没有制度性的认可和空间，这对文化学的发展和传承是非常不利的。希望有一天，文化学进入中国哲学社会科学体系之中。

---

① 参见张岳、熊花、常棣编著：《文化学概论》，北京：知识产权出版社，2018。

第二章　西方关于文化研究的概况

关于文化的研究有多种流派，突出的有古典进化论学派、传播论学派、历史特殊论学派、法国社会学学派、功能主义学派、文化与人格学派、新进化论学派、结构主义学派、象征人类学学派和解释人类学学派等。20世纪唯意志论、现象学、哲学人类学、存在主义等流派，特别关注西方理性文化的普遍危机，进行了文化批判。还可以分为文化传播学派、历史传播学派、文化心理学派、社会生物学派、文化符号学派以及后殖民主义、后现代主义、新历史主义、新人文主义，等等。20世纪50年代之后，出现了从多学科角度对文化的研究，更多的是综合性研究，有着广泛的范围和灵活的界定。

本章试对西方关于文化及文化人类学研究的流派，包括当代文化研究概貌，做一番简要的梳理。

一、与文化人类学相关的主要流派

在20世纪50年代以前，关于文化的研究多是在文化人类学视野内进行的。文化人类学是从文化的角度研究人的学科，其研究对象就是"文化与人"，即通过探索人所创造的各种文化现象去揭示人类各民族或各群体的社会特色和文化特色。

(一)早期进化论学派

进化论学派是一个影响很大的流派。文化进化论把普通的进化理论应用于文化现象研究。

早期进化论学派是文化人类学史上第一个学派,活跃于19世纪60年代至90年代。

早期进化论学派从进化论的角度探讨人类文化,主要特点是:第一,注重野蛮民族与文明民族的不同文化现象(主要包括婚姻家庭、宗教巫术、古代法律等);第二,注重研究民族的同一性和一贯性。

进化论的思想最早是法国博物学家拉马克在《动物哲学》中提出来的。他提出生物进化学说,否定了关于物种不变的说法。英国生物学家达尔文在《物种起源》出版12年之后,于1871年发表《人类的由来》,提出进化论。达尔文认为,人是一种社会性动物,道德文化的准则不过是社会群体的公意,只有通过长期而成熟的经验与文化熏陶之后,才能做出这样的裁决,而在草昧初开的部落里,人们是不根据这些准则办事的[①]。华莱士对进化论也有独到的研究。

赫胥黎在《人在自然界中的位置》中第一个提出人类起源问题;在《进化论与伦理学》中论述了自然界进化与人类社会发展的不同,把前者叫作"宇宙过程",把后者叫作"园艺过程",后者的变化是通过人为的选择而产生作用,这种选择是根据一种对人有用和使人感到满意的理想来进行的,而这种理想,自然状态是不知道的[②]。

海克尔不仅从人类进化的过程说明人类意识的发展,还用宗教信仰、道德、法律等精神史和文化史说明人类精神发展的不同阶段所受的影响。

---

① 达尔文:《人类的由来》,北京:商务印书馆,1983,184页。
② 赫胥黎:《进化论与伦理学》,北京:科学出版社,1973,23页。

摩尔根（L. H. Morgan，1818—1881）在《古代社会》中第一次以文化的"发明和发现"为标志，对人类原始社会的发展进行了历史分期，把人类原始社会划分为蒙昧、野蛮和文明三个时期，又把每一个时期分为初级、中级、高级三个阶段。他以生产技术和生产工具的发明、发现作为划分人类原始社会各个阶段的依据；认为人类社会发展的每一期各有其不同的文化，并呈现出多少独具一格的生活方式[①]。他把文化人类学与考古学结合起来，指出古代和现代的每个民族在一般历史进程中的地位，用某种比较客观的尺度来衡量各个民族的历史发展水平。

早期进化学派的代表还有瑞士的巴霍芬、英国的斯宾塞、德国的阿道夫·巴斯蒂安、英国的约翰·麦克伦南、约翰·卢伯克、詹姆斯·弗雷泽等。

进化论者主张用进化论的观点观察社会和文化现象，认为文化是人类社会的产物，也是人类进化的特征。斯宾塞给出了进化的明确定义：进化是通过不断的分化和整合，从不确定、不连贯、同质向确定、连贯、异质的变化。他最先提出"最适者生存"的概念。斯宾塞把文化看作"超有机体"。

泰勒也是进化论学派的代表，在《原始文化》中，他提出了两大原则：第一，在文明中有如此广泛的共同性，使得在很大程度上能够拿一些相同的原因来解释相同的现象。第二，文化的各种不同阶段，可以认为是发展或进化的不同阶段，而其中的每一阶段都是前一阶段的产物，并对将来的历史进程起着相当大的作用。[②]

早期进化学论派的主要缺陷有以下几方面。

第一，他们过于注重文化发展的单一性、直线性，忽视各民族历史文化发展的差异性、多样性。

第二，他们以西欧文化为参照系，认为西欧文化是进化的顶点，忽

[①] 摩尔根：《古代社会》，上册，北京：商务印书馆，1981，12页。
[②] 泰勒：《原始文化》，上海：上海文艺出版社，1992，1页。

略文化的复杂性，忽略历史发展的不平衡性、特殊性。

第三，他们注重从个人的心理本质推导出社会制度和文化现象的发展规律，却忽视文化要素的传播及其功用，忽视文化要素与文化整体之间的紧密关系。

（二）传播论学派

传播论学派是19、20世纪之交出现的针对进化论的学派，反对古典进化论的"独立发明说"和"平行发展说"，将人类文化或社会变化归因于物质文化和习得行为从起源地散播到其他社会，认为各民族文化的相似可以由历史上的传播或借用来解释。

广义的传播论学派包括德奥历史学派（注重文化圈）、英国的传播论学派（泛埃及学派）、美国的历史文化学派。狭义的传播论学派指前两个学派。

德奥历史学派产生于德国、奥地利等德语国家，其理论先驱是德国人类地理学创立者弗里德里希·拉策尔（Friedrich Ratzel，1844—1904），代表人物有德国的莱奥·弗罗贝纽斯、弗里茨·格雷布内尔（Fritz Graebner，1877—1934），奥地利的威廉·施米特（W.Schmidt），英国的埃利奥特·史密斯等。

弗里德里希·拉策尔试图从地理条件的角度，描绘出人类的地面分布和文化发展的总图集，认为文化要素是伴随民族迁徙而扩散开来的；提出了"形式的评判标准"；他对物质文化现象感兴趣，坚持文化的创造和传播同各族人民的历史相联系。

莱奥·弗罗贝纽斯研究非洲各地区文化的成分和起源，把处于共属关系的一群文化要素看成文化合成，把文化的地理分布称为"文化圈"。他还提出研究"文化神话学""文化解剖学""文化生理学"，认为文化是活生生的有机体，有生、衰、死的过程。文化是从自然条件中诞生的，在地理环境相同的条件下会产生相同的文化。文化依靠人转移，人民是文化的"搬运工"。

弗里茨·格雷布内尔研究大洋洲的文化,认为澳大利亚和大洋洲地区有6个至8个独立文化圈,每个文化圈都有一定数量的文化特质;认为一切文化现象都是历史上在某一个地区单一地产生出来的,其他地区的类似文化现象不过是后来传播、扩散的结果。他提出"文化层"概念,认为一定数量的文化因素构成一个"文化圈",文化向四周分布,"文化圈"可积累多层,形成"文化层"。他重视对文化亲缘关系的研究,主张采用系统方法,分析形式、量,确定不同地区的文化传播。

埃利奥特·史密斯认定全部文化一元发生、单源辐射,认为埃及是世界文化的唯一发源地,不可能在两地找到同样的发明。

奥地利著名语言学家威廉·施米特认为研究文化是为了知道文化的分布并开展比较研究,提出"性质标准""连续标准"和"关系程度标准"作为对格雷布内尔的"形式标准"和"数量标准"的补充。他将人类社会的发展区分为四个阶段:原始、初级、第二级和第三级,每一级中包括几个文化圈。

德国历史学家施本格勒、汤因比对文化传播、文化圈都有研究。

英国实验心理学剑桥学派创始人威廉·里弗斯从进化论转向传播论,第一个提出从"系谱"的角度来研究家庭和氏族制度,认为各族的联系及其文化融合,是发生各种导致人类进步的力量的主要推动力。他试图把民族心理因素与传播过程结合起来,但忽视了文化接触的社会基础。

传播论学派注重从空间范围研究文化,试图把全部人类史归结为文化联系、冲突、借用、转移的历史,认为每一种文化现象都是在某一中心产生的,然后向外传播;各种文化现象传播到某个民族以后,便形成一定的"文化圈";新文化的产生是不同文化现象交叉传播、相互结合的结果。

传播论学派的局限性在于:否认了文化的多元发生,否定了相同的发明可以独立地发生于世界不同地方的可能性，夸大了文化要素的传播，夸大了外来文化对民族文化的影响。

（三）历史学派

历史学派又叫"文化历史法""文化历史学派""历史特殊论学派"，重点研究特定民族的文化历史、事件特点和规律，强调对具体事实的描述和记录，主张历史主义的研究方法，否认思辨的方法，强调实证和归纳，主张根据每个民族的特点来研究，反对以理论代替事实、以一般代替特殊、以部分说明整体、以偶然说明必然。历史学派把文化视为社会的遗产，或者是传统的行为方式的全部集合。

美国的文化历史学派以人类学家弗朗兹·博阿斯（Frans Boas，1852—1942）为首。弗朗兹·博阿斯把文化定义为：包括一社区中所有习惯、个人对其生活的社会习惯的反应，及由此而决定的人类活动[①]；认为文化人类学的一般任务是"研究社会生活现象的全部总和"，即"语言、习俗、迁徙、身体特征"。他批评简单化的进化论和表面化的传播论，认为文化上的共同点可能是不同历史的、环境的和心理的诸因素的产物，而人类间的差别来源于文化的性质，各民族文化价值无高低之分。他说：每个文化集团都有独一无二的历史，这种历史一部分取决于社会集团特殊的内部发展，一部分取决于它所受到的外部影响。[②]主张理解或解释某一特定的文化的正确做法是重建该文化走过的道路，即构拟该文化的历史。他说：只有我们能够在每种文化自身的基础上深入每种文化；只有我们深入研究每个民族的理想，并把在人类各个部分发现的文化价值列入我们总的客观研究的范围，客观的、严格科学

[①] F.Boas. "Anthropology", in E.R.A.Seligman（ed.）.*Encyclopaedia of the Social Sciences*. New York:The Macmillan Co. 1930, Vol.2, p.79.

[②] F.Boas.*Race, Language, Culture*, New York, 1940, p.285.

的研究才有可能。①他主张"文化整合"的原则,强调不同类型的文化都有各种整合形式,文化的各个不同方面的关系,总是遵循着各种完全不同的模式。他主张,应当寻找特定文化的历史脉络,尽可能多地搜寻资料,让历史和资料本身说话。他强调,对其他文化进行研究时,要求被研究者不受以自身文化为基础的任何评价的束缚。只有在每种文化自身的基础上能深入每种文化,只有深入研究每个民族的思想,并把在人类各个部分发现的文化价值列入我们总的客观研究的范围,客观的、严格科学的研究才有可能。博阿斯提出了"文化中心"和"文化边区"的概念。"文化中心"指一个文化区内表现其文化要素最浓的中心地区。"文化边区"指一文化区内远离文化中心、表现其文化要素较淡疏的边缘地区。他的缺陷在于没有一个明晰的理论框架。

阿尔弗雷德·路易斯·克鲁伯宣称历史研究的任务在于说明社会生活与整个文化的关系。他提倡文化整体论,把文化看作"超有机体",认为文化是超生物性的,具有独立性,没有标准的形式或发展阶段,有的只是人类不同集团文化的历史发展;由人体现并通过人而存在的文明实质上是一个实体,是来自生活的一种秩序;文明现象之间的关系是顺序的关系,不是影响的关系。他认为:任何一种文化都是一个复合体,并且是内部各种成分混合长成,这些成分大部分是自古就有的,也有从别的文化借入的。其次,每个文化倾向于发展特有的组织。这种组织是首尾一致、自成一体的。每一个文化都会接纳新的东西,不论是外来的或是产自本土的,依照自己的文化模式,将这些新的东西加以重新塑造。②他坚持文化是独立于人的,有其自身发展的轨迹和规律;在任何文化中,个人都从属于文化类型,个人仅仅是文化力的代言人。他提出"文化形貌"理论,认为整个文化系统可划分为两个部分,即

---

① [美]博阿斯:《人类学与现代生活》,北京:商务印书馆,1985,201页。
② [美]克鲁伯:《一个人类学家看历史》"序",载《文化形貌的导师:克鲁伯》,140页。

基本形貌和次级形貌：基本形貌指与生存、生计有关的文化事物；次级形貌则是与创造力、艺术活动有关的文化活动，如语言、艺术、文学和音乐等。他更关注文化的次级形貌，认为构成次级形貌的各文化要素都有其历史发展模式，每个文化要素都要历经成长、发展、顶峰和衰落等阶段，记载与描绘这一发展模式的就是成长曲线。他积极倡导"文化区"理论，认为文化区都有文化高峰，指文化特征最丰富的地方；还提出"强度"概念，指文化达到并维持文化水平的高度，强度较大的文化是该文化区内的中心，向四周产生影响，一直达到该区的边缘，而强度逐步减弱。

美国文化人类学家本尼迪克特认为文化由基本结构的"模式"组成，民族的文化可以内含一个"模式"，或者是由多个"模式"构成的综合有机的整体。她认为，整合是文化背后的主要创造力量，没有两种文化是雷同的；文化的差异就像人的差异一样，每个文化具有特殊的气质趋向，文化不过是个人心理的投射和反映。她把文化的内在精神称为"文化构型"。

历史特殊论学派的主要代表人物还有罗伯特·哈里·罗维、爱德华·萨丕尔（E.Sapir，1884—1939）等。罗维主张世界文化是多线发展的，同意文化可以在不同地方独立地产生与发明，认为某一特定文化的意义和产生原因应到构成该文化的背景或自身历史中去寻找；他还研究了物质文化与社会组织、观念文化的评价、经济因素与文化的关系等问题。萨丕尔注重对语言与文化的研究。

文化历史学派的共同特点在于：实证主义是他们方法论的哲学基础；长于批评是他们的风格；不做原则性的理论概括而局限于小范围的具体现象的研究工作是他们共同奉守的信条；文化的性质和它与个人之间的相互作用和影响是他们研究的重心。[①]

[①] 吴泽霖、张雪慧：《简论博阿兹与美国历史学派》，载中国民族学研究会编：《民族学研究》，第一辑，322页。

文化历史学派以实证的方式具体地研究各部落、民族的历史，提出了文化至上主义、文化相对主义的观点，注重每一种文化和语言的各种特征，同时注意它的人文含义。

文化历史学派有其局限性，缺少独创性的理论建树，无视文化发展规律，又把文化的影响和作用无限制扩大，落入文化辐合说的旋涡而无力解脱。

（四）社会论学派

文化与社会紧密联系，形成了文化研究的社会学派。

1. 法国社会论学派

法国社会论学派注重从文化方面研究社会，有很大的影响。

艾米尔·杜尔凯姆因主编《社会学年鉴》而被称为法国社会学年鉴学派的创始人。他认为社会是一个整体，首先是由观念构成的，社会的真正功能是创造理想；要研究社会类型、社会种类、社会事实、集体表象、集体意识、集体观念；认为人类具有双重的性质，一部分是纯粹个人与自然的，另一部分是社会的。他从群体参互、社会互动的集体心理活动过程来研究文化意识，从集体表象和人们的相互关系来说明文化现象，但常常用先验的玄想来代替对文化现象本身的认识。杜尔凯姆对宗教的本质和功能、概念和范畴的起源做了研究。怀特在《文化的科学》中认为，杜尔凯姆所研究的社会，实际上是文化。

法国社会学家、文化人类学家列维-布留尔把人类社会分为原始社会和文明社会，侧重研究原始思维，认为原始人的思维是"非逻辑思维"，各原始民族的精神文化及其思维特征受"共同参与规律"的支配。他探讨了人类理性发展的历史，但他过分强调了原始思维的非理性，并用神秘力量进行解释。

马歇尔·莫斯是杜尔凯姆的外甥和学生，他们合写了《原始分类》一文，探讨了人类理性发展中概念和范畴的起源。他从文化学角度研究早期经济关系，特别是契约形式；对交换形式与社会结构之间关系的比较研究有所贡献，对列维－斯特劳斯的结构主义人类学研究有很大启示。

罗伯特·赫尔兹主要研究仪式和象征，开创了象征人类学的研究。

阿诺德·范·盖内普的"通过礼仪"的思想，对以后的人类学、宗教学有很大影响。

2. 德国文化社会学

德国也有文化社会学传统。

在 19 世纪末期，巴德批评斯宾塞的社会学是"自然时代"的而不是"文化时代"的，表现出要建立文化社会学的想法。之后出现了奥斯特瓦尔德·斯宾格勒的人类文化形态学或文化类型学、马克斯·韦伯的宗教社会学和马克斯·舍勒的知识社会学。

斯宾格勒把人类历史上的高级文化精神形态分为八种类型，如埃及的、希伯来的、希腊的、罗马的、印度的、中国的，等等。他认为，每一种文化都如同生命一样，有自己的情欲和周期。

韦伯认为宗教的伦理精神与经济发展交互影响。

舍勒认为，人类历史的发展有两种原始的动力：一种是人本身的冲动；另一种是精神，即文化观念的法则。他把文化社会学分为知识社会学、宗教社会学、艺术社会学、法律社会学、形而上学社会学、科学社会学、经济社会学等。

桑巴特提出"精神社会学"，主张以"理解"的方法来认识社会，把人类社会的本质看成是精神的，是文化作用的结果。

艾弗勒·韦伯认为，文化社会学应该研究人类历史的完整体系，并解释在其发展过程中所表现出来的各种不同的文化现象。他阐述了文化的起源、发展及其功能。

3. 美国文化社会学

美国文化社会学是从文化人类学发展而来的，突出代表有克鲁伯、罗伯特·路威、维拉姆·奥格本、勒蓬等。

路威认为人类的各种文化创造并不存在一般的进化规律，各个民族的文化都是适应社会生活的需要而独立创造的，是在传播中不断发展的，在最宝贵的文化遗产里也"掺杂着许多渣滓"。

奥格本从社会的变迁说明文化因素的作用，说明文化对于个人习惯及其行为的影响。人类社会的发展进步，主要是文化的积累和发展。

皮梯利姆·索罗金提出"文化进程论"，认为社会文化是一个体系，它分为不同的社会层次，只有把人们的行为放在文化体系中的不同层次上，才能说明其行为的"现实的基础"和"思想的基础"，说明文化的意义和价值。社会文化体系的性质和内容决定着整个社会结构，不同层次的文化体系的交互作用、更替，就形成了社会发展的历程。

（五）结构主义学派

结构主义学派创始人是法国人类学家列维-斯特劳斯（Levy-Strauss），他注重研究结构内的成分和层次之间的关系。他把各种文化看作子系统，关注各部分的结构，如亲属关系、民俗学、神话学的结构等。主张交替使用共时态（静态结构）和历时态（动态结构）研究方法。其核心是把握隐藏在各种制度、习俗后面的无意识的心理结构方式，然后寻找出一个可通用于各制度、各习俗的诠释的模式。他研究的出发点是什么使得"人之所以成为人"的问题，他的答案是"文化"。他研究了神话逻辑、图腾分类、原始思维和现代思维等。他把人类思维当作自然与文化之间的中介，认为文化既包含思维本质的投射，又包含思维对自然的认识特点。

荷兰结构主义强调社会组织和宗教观念具有关系，寻求整体的分类体系的方向。代表人物有荣格（de Josselin de Jong）、罗德尼·尼达姆、范·巴尔。荣格主张在具有语言、文化同一基础的特定地域内进行实证的文化比较研究，坚持从社会结构中来寻找相对立的观念表现。尼达姆注重社会事实和经验事实,从对个别社会的研究出发,探索其社会的整个结构;他尽可能附上"民族志证据",在此基础上进行彻底的形式分析。

结构主义学派着重研究文化的各种心理、信仰,以及人与人结成的不同圈层和他们的相互影响来解释文化。

结构主义方法认为,一切关系最终都可以还原为两项对立的关系,每个关系中的每个元素都可以根据自己在对立关系中的位置,被赋予其本身的社会价值;强调研究联结和结合诸元素的关系网络,只有通过存在于部分之间的关系,才能解释整体的部分。

结构主义学派重视文化的结构研究,认为文化是由多种具体的文化现象组成的,有弹性特征;主张将封闭的结构变为开放的结构;重视结构的特殊、差异、多样性;关注非理性。结构主义学派的缺陷是:过于强调结构的决定性作用,忽略人的社会活动;过于强调人的主观性,忽略历史的客观性发展。

(六)功能主义学派

功能主义学派的代表主要有英国文化人类学家马林诺夫斯基(B. Malinowski,1884—1942)和拉德克利夫·布朗(A. R. Radcliffe-Brown,1881—1955)。

马林诺夫斯基倡导文化功能主义,重视文化系统内部要素的关系、作用、效能。他认为,一切文化要素"都是活动着,发生作用,而且是有效的";文化历程是具有一定法则的,这法则是在文化要素的功能中,文化的价值"都是直接或间接地满足人类的需要"。他认为:在每种文明中,一切习惯、物质对象、思维和信仰,都起着某种关键作用,有着某些任务要完成,代表着构成运转着的整体的不可分割的部分。[①] 他

---

① 转印自卡迪纳:《他们研究了人》,249-250页。

反对把社会文化现象割裂为碎片,主张把握人类文化生活的有机整体。他认为任何一个民族或氏族的习俗和文化都是一个完整的整体,每个部分都有一定的作用,完成自身的功能;强调文化功能"是它在人类活动体系中所处的地位"。这个结论的重要性在于人类活动的体系,包括对于物质文化的应用,并不是偶然堆集而成,而是有组织的、完善配置的及永久的,这就是说,同样的体系可以见于全球各地不同的文化中①。文化是工具、器械,人借助文化而解决所面临的具体的特殊任务。他提出文化有三个因子:物质底层、社会组织、语言,代表了文化的结构;文化有八个方面:经济、教育、政治、法律与秩序、知识、巫术宗教、艺术、娱乐,代表了文化的功能。主张通过实际观察和利用权威、详细的资料来研究社会变化的过程,研究目的在于以功能的眼光来解释一切"在发展水准上"的人类事实,看这些事实在完整的文化体系内占什么位置;在这个体系内的各部分怎样互相联系,而这体系又以何方式与周围的物质环境互相连接。总之,此学说的目的乃在于了解文化的本质,而不在"进化的臆测"或以往历史的重构。马林诺夫斯基的文化功能主义具有二元性,有时他提出文化必须满足社会整体的需要;有时又认为,文化首先应当满足个人生理与心理的需求。他认为人类有基本需要和派生的需要,前者是人的生物需要,后者是派生的环境即文化的需要,它要满足的是人类扩大其安全和舒适所做的各种努力。

拉德克利夫·布朗指出,任何文化都是一个完整的统一体,每个元素均有其显著的功能,各个元素间又有密切的交互作用;文化是社会体系的特征,应该把它放到整个社会结构体系中去研究;主张通过研究各种社会形态中的类似和不同,对社会现象的性质做出切实的分析和科学的抽象。他非常重视对社会结构的研究,认为功能分析离不开结构分析,不研究社会的结构,就不可能对文化要素的功能进行中肯的

---

① 马林诺夫斯基:《文化论》,上海:商务印书馆,1945,16页。

研究。他主张用自然科学的方法，用归纳、类比的方法来研究人类学，强调共时性研究，将文化看成一个整合的系统，认为研究文化就是研究一种文化中各要素之间的关系，这种文化的整体结构，各文化要素在这个整体系统中对于外界调适和内部整合两方面所具有的功能，比较不同文化系统之间的异同。布朗是结构—功能主义的先驱。

普里查德是从功能学派分化出来研究意义论的人类学先驱。他试图恢复主观文化的整合性，重新界定了功能观念；认为一个制度的功能并不是它的主要形貌，而是一体系内各部分间关系的一种形态。他认为，田野工作可分为三个阶段：第一阶段是描述文化，包括从一种文化来解释该种文化；第二阶段应力图去发现该文化的社会结构，据此建立概念体系；第三阶段是在一定范围内，对不同的社会结构进行比较研究。

威廉·雷蒙德·弗思指出，文化人类学的目标是对人的行为进行理性分析，有三个方面，即社会、文化和社区，各自对应于结构、功能和组织。对社会的分析是结构分析，即研究制度化的行为方式的关系；文化方面指个人的社会行为的目标或目的，整合各种个人行为方式而实现文化性功能的称为组织。他还对政治、经济、道德标准等进行了考察。

美国的结构功能主义代表威廉·劳埃德·沃纳开拓了人类学的研究范围，从原始社会扩大到现代社会中的社区文化；他对企业制度的研究影响了企业管理理论，成为运用文化人类学方法探讨现代工业文化的先例。

结构功能主义代表帕森斯认为，文化系统通过社会化而成为人格系统的动机，通过制度化成为社会系统的规范。文化系统通过两种方式发挥作用：第一，某些文化要素如语言是互动发生必不可少的，通过向所有行动者提供共同的资源，文化使互动成为可能；第二，文化通过价值、信仰、观念等向行动者提供共同的立场、"情境定义"，使互动以最少分歧的方式顺利进行。他关注文化、人格与社会的整合。

罗伯特·雷德菲尔德把结构功能主义方法应用于民俗文化或民俗社会的研究，在"文明的比较研究"中，试图将人类学的比较方法扩展到对印度、中国和伊斯兰这些更复杂的文化中去。在《农民社会与文化》中他提出了"大传统"与"小传统"的概念，对后来研究中国文化的学者产生了很大的影响。

功能学派以动态的功能分析方法研究文化，重视比较方法和实地调查法，提倡应用人类学。其缺陷在于忽视历史的方法，忽视特定的客观的社会结构与文化功能的辩证关系，忽视社会的开放性、文化类型和方式的复杂多样性。

（七）心理学派

心理学派也被称为心理人类学、心理文化分析等，强调文化因素与个人因素或由个人产生的心理事件有着密切联系，侧重从心理与人格方面进行研究。心理学派把文化视为个体心理在历史银幕上的总映象，或者是满足个人心理动机所选择的行为模式，认为人类心理决定了文化的发展。

奥地利心理学家弗洛伊德是精神分析创始人，运用心理分析方法说明文化现象，注意潜意识在人类社会生活中的作用，注意性欲和情感的功用。他将人格看成"自我""本我""超我"三种心理要素相互作用的结构。他探讨了人类社会的起源、道德和宗教以及法的形成机制等问题。他关于图腾与禁忌的研究深入到人类早期氏族文化起源问题，有重要影响。

匈牙利的罗海姆认为，人类的全部文化都是以情欲、性爱为基础的，致力于寻找各种文化现象的象征意义。

瑞士精神病学家荣格根据对原始人和现代人的常态和非常态现象的研究，提出了"集体无意识"和"原型"的概念，认为个人心理之外有集体心理，即集体无意识。他的观点为人类历史一定时间内在不同空间出现的文化现象提供了诠释的依据，为人类所具有的审美的共同心理提供了解释。

20世纪20—30年代，在美国形成新弗洛伊德主义学派，重视文化因素对人格形成和发展的影响，也被称为文化学派。代表人物有霍妮（K.Horney，1895—1952）、弗洛姆（E.Fromm，1900—1980）、阿伯兰·卡迪纳（Abram Kardine）和艾里克森（E.Erikson）等。

弗洛姆从经济、政治、文化和社会等各方面来考察人格的形成和发展。

阿伯兰·卡迪纳主张文化因素对人的心理发展起着主要作用，对于个人的人格形成极为关键。他把文化看成制度的集合体，认为全部制度可以分为初级制度和次级制度：初级制度包括家庭和组织规模、对儿童的养育和训练、谋生手段等，是塑造一个社会的基本人格结构的决定性因素；次级制度指民俗传承、宗教信仰、神话、艺术和社会禁忌等。他用精神分析法来研究文化人类学。

艾里克森用文化人类学的观点，研究原始民族的文化对心理发展的影响。

本尼迪克特（Ruth F.Benedict，1887—1948）的"文化模式"、米德（M.Mead,1901—1978）的"国民性格"、克鲁伯的"文化形貌"等，都是从人们的心理特征来解释文化的差异，认为心理决定文化，决定人们的社会状况，决定民族的先进和落后。他们过分注重以个人为本位，而忽视了不同民族文化类型形成的社会条件。

本尼迪克特认为文化就是"大写的个性"，注重从整体上研究某一种文化的特性。她指出：一个文化犹如一个人的思想与行为模式，多少必具有一致性。每个文化内部均具有代表其特色的目的，而此种目的并不一定为别种社会所共有，不同社会具有不同的模式，可以说是由于人类的潜在意愿所造成的，而任何社会均具有潜在的意愿。她认为，在每一种文化内部都具有多样性，但每一种文化也都具有"优越欲"或"主旋律"，即民族精神（ethos），使文化具有一定模式或具有区别于其他文化特点的正是该文化的主旋律。只要文化存在，就有导入统一形态的内在意向。她用"阿波罗型""狄奥尼斯型""偏执症型"等对各民族历史的、统一的价值体系或民族精神进行说明。

米德提倡行为主义心理学,认为个人的心理是由社会决定的,个人的行为主要是有意识的社会行为,社会是由个体及由个体组成的群体相互作用的总和,这些有意义的符号在相互作用的过程中逐渐规范化,其结果就是文化。这些观点后来被称为"符号互动论"。他注重田野调查,把文化分为三种类型:前塑文化(楷模文化)——晚辈接受长辈的文化传统;同塑文化(并存文化)——父母和子女各自向自己的同辈人学习;后塑文化(预示文化)——长辈向晚辈学习那些从未经历的事情。米德首次将影像技术与文化人类学研究结合起来。

拉尔夫·林顿认为,文化是"物质现象范围以外的东西",是社会成员通过后天学习获得和分享的思想、一定条件的情感反应以及习惯的行为模式的总和,文化的性质完全取决于个体的人格以及这些人格之间的相互作用,社会中每一个个体的人格都在与其文化持续不断的联系中发展并产生作用。人格影响着文化,文化也影响着人格。他认为,社会作为统一的整体是文化的代表者和再生产者[①];所有社会都会想方设法地永久保持自身的文化,但通常是无意识的,只有当一个社会意识到它除了自身的文化外还有其他文化,而且自身文化的生存受到威胁时,才会出现永久保持自身的文化方面"有意识有组织的努力"。文化的精华主要是指那些象征某一社会主要特征潜在价值最大的文化成分。

克鲁克洪注重对文化概念以及文化与价值的关系的研究。他认为文化应被定义为:历史上所创造的生存方式的系统,既包括显性方式又包括隐性方式;它具有为整个群体共享的倾向,或是在一定时期中为群体的特定部分所共享[②]。人类的生态和自然环境为文化的形成提供物质基

---

① R.林顿:《个人的文化背景》,纽约,1945,15–16 页。
② 克拉克洪等:《文化与个人》,杭州:浙江人民出版社,1986,6 页。

础，文化正是这一过程的历史结晶。文化基本核心由两部分组成，一是传统（从历史上得到并选择）的思想，一是与人类有关的价值。他主张，人类学研究应当与社会学、心理学合作，以跨学科的方式进行文化的比较研究。

（八）新进化论学派

早期进化论曾遭到文化传播学学派、历史特殊论学派以及英国功能主义学派的猛烈批评。在第二次世界大战后，学术界对进化论的态度发生了转变。

新进化论的主要代表是美国人类学家莱斯利·阿尔文·怀特，他展开了对批判进化论的反批判，认为进化主义的目标就是给在特定的时空里无法捕捉到的人类文化的进化分几个阶段；认为技术工艺的发展是整个文化进化过程的基础，工艺因素是基本的，其他因素即社会和政治组织、意识形态的因素等是从属于它的。他提出文化包括工艺体系（工具和技术）、社会体系、意识形态体系，由思想、信念、语言、器皿、习俗、情感、制度等事件组成，人具有以符号为特征的文化。他认为人类文化史是人类支配和利用能量的历史，文化是一种机制，是人类特有的手段，他特别强调文化发展的独立性或超有机体性；高度评价科技文化发展的趋势及对于人类社会的巨大影响。他提出"文化就是文化的原因"的论断，认为文化发展到一定基础，发明和发现就会出现。但他忽视了文化主体的心理、思想、情绪，而求助于普遍的公式。

美国文化人类学家朱利安·斯图尔特（J.H.Steward，1902—1972）被称为文化生态学的创立者。他扬弃了文化相对主义和单线进化论，提出了"多线进化"的方法。他认为整个文化体系分为核心文化体系和外围文化系统，核心文化指与人类生计活动有关的文化，主要是技术经济因素；之外的就是外围文化或非核心文化。他把研究生物有机体与环境关系的生物学引入研究人类学，认为人是生命网的一部分；强调文化与环境之间的适应关系，注重"文化变异"和"文化生态"，认为相似的生态环境下会产生相似的文化形态及其发展线索，相异的生态环境则造就了与之相应的文化形态及其发展线索的差别。文化生态学研究生态环境、生物有机体与文化要素之间的关系，就是要充分说明人类因利用环境而形成的社会组织和文化价值的特色，注意两种适应：一是文化体制与环境的适应，二是各项文化制度之间的相互适应。可以用文化生态学思想来探讨不同地区的平行发展，以及具体的、特定的民族文化的特点。他提出"社会文化整合水平"，是对不同文化类型进行描述、分析、比较的一种研究方法。他把文化类型分为有代表性的三个层次：家庭、群落（村落和社区）、国家，分析了各自的特点，认为文化或社会方面的相互作用是分水平层次进行的。文化生态学的方法有局限性，往往在共同的生态环境中生活的不同社会集团有着重大的文化差异，用环境、经济技术的原因不足以完满地解释这些差异，需要借助其他的方法。

美国人类学家马歇尔·萨林斯和艾尔门·罗杰斯·塞维斯力图把怀特的普遍进化论与斯图尔特的多线进化论结合在一起，认为这两种理论是互相补充而不是互相冲突的；他们将进化区别为特殊进化与一般进化，这是进化的二重性；认为文化进化"一方面是文化作为一个整体由'阶段到阶段'的一般发展；另一方面是各种类型的文化的特殊进化"[①]。"进化是不断朝两个方向的运动。一方面是通过适应性变异导致多元发展；即从旧种类分化出新的种类。另一方面进化产生进步：高一等的种类生成并超过低等种类。"[②] 文化进化存在两个"二律背反"：（1）在适应过程中同时产生创造与保守两种特性；（2）文化进化是一种双向运动的过程，一方面是高级文化类型自身多样性的不断增长，另一方面则

[①] 托马斯·哈定等：《文化与进化》，杭州：浙江人民出版社，1987，3页。
[②] 托马斯·哈定等：《文化与进化》，杭州：浙江人民出版社，1987，10-11页。

是由于不同文化类型的同化而产生的文化同质性的不断增长。

（九）象征人类学派

象征人类学派的主要代表有埃德蒙·罗纳德·利奇、玛丽·道格拉斯、维克多·特纳、阿伯纳·科恩。

利奇研究的象征体系包括神话、巫术、宗教，研究方式有两种：一是社会—结构的分析方式，二是结构主义的分析；强调象征潜在地具有多种解释，只有当象征作为一整套文化的组成部分并与其他象征进行对比，它们才有含义，因而必须研究该象征的文化背景。

道格拉斯集中研究人类社会象征现象，力图考察人类分类体系与社会秩序的关系；她把社会结构分为"群体"与"格栅"两个维度，"群体"指有明显界限的社会群体，"格栅"指社会中个人与他人交往的准则，包括角色、类别、范畴等。

特纳遵循结构功能主义立场，分析了仪式的社会功能，把仪式看作恢复社会平衡和稳定的政治手段；认为象征的本质属性具有两极性、多义性和统合性；针对象征意义的探索过程，提出了包括三个层次的方法：（1）当地人对仪式、象征的解释层次；（2）仪式、象征的应用含义层次，通过观察分析仪式、象征如何举行、操作和应用而获得的意义；（3）象征的地位含义层次，象征的意义是由它与其他象征在一个整体、一个"格式塔"中的关系所决定的，这种完型的各部分是作为一个整体系统而获得各自的意义的。他认为仪式与社会结构之间存在一种功能关系，仪式也可看作社会结构的反映。

科恩认为，无论是在原始社会还是现代社会，都有无穷无尽的象征符号行为存在。文化人类学研究社会结构主要关注四种制度，即经济制度、政治制度、亲属制度和宗教仪式制度，这四种制度可归纳为两类：权力关系和象征符号关系。人就生活在象征与权力的双向度中，成为具有二重性的人。

克利福德·格尔茨提出，民族志有两种类型：一种是"浅描"，一种是"深描"，"深描"或"具有厚度的记述"特别关注揭示行动与文化之间的关系，由此来解释行动的意义；认为文化形态的明确化是通过行为的趋势或通过社会性行为得以实现的；由象征行为传递的意义进而有机形成的体系就是文化；文化系统是一种透过象征符号在历史上代代相传的意义模式，一种将传承的观念表达于象征性形式的系统；通过它们人与人相互沟通、绵延传续，并发展出他们对生命的知识和对生命的态度。文化系统的意义是通过人与人互动过程建构起来的，行动与行动之间的接合、交流、互动形成对话，对某一行动或文化现象的了解，必须将其放在原来的"脉络"中来解读；区分文化体系与社会体系的有效方式，是将前者视为社会互动赖以发生的有序的意义体系和象征体系，将后者视为社会互动模式本身。文化是意义结构，人类用以解释他们的经验并指导他们的行为[①]。

（十）其他学派

文化学还有其他一些学派，试做简要概览。

工具文化学派强调文化的实用性，把文化比作机器或工具。

成果文化学派认为人为改造环境就是文化。

事象文化学派强调文化的某一个方面，如教育、民族精神。

综合文化学派认为文化是人类物质和精神成果的总和。

符号文化学派认为文化是象征符号的总和。

民族语义学派从语言学方面研究文化，认为本民族有不同于其他民族的文化、语言，从语言方面找寻它的文化根源。

文化唯物论学派认为人类文化是为了应付环境而出现的，着重对文化类型的比较研究。

---

① 格尔茨：《仪式与变迁：一个爪哇的实例》，载《国外社会学》，1991（4）。

马尔文·哈里斯批评了包括新进化论在内的几乎所有人类学派的理论，力图建立一种"文化唯物主义"理论，提出"主位方法"和"客位方法"，指出：文化唯物主义所断定的社会文化体系的普通结构……依赖于思想与行为的区别及主位与客位的区别①。认为客位行为的生产方式和人口再生产方式，决定客位行为的家庭经济和政治经济，客位行为的家庭经济和政治经济又决定行为和思想的上层建筑，但不否认思想的、上层建筑的和结构的组成部分有可能从客位行为的基础结构中得到某种程度的自主②。

相对主义学派主张文化相对主义，认为任何民族的文化都离不开本民族及其时空，不同的文化之间难以比较；一切道德都是相对的，不存在适用任何社会的绝对价值标准。

存在主义在论及历史文化现象时，否认其客观规律性，认为一切存在都在个人的心灵里，文化只有一系列的因果延续性，只有一个文化时代承袭着前一个时代独立地发展，而不存在历史统一性和发展规律性。海德格尔认为，历史是人的意志的体现，是贯彻人的各种意志的活动，而这种活动在现代社会是隐蔽在技术统治之下的，人的存在"散见于文化与文明的广泛领域之内"③。

现象主义试图撇开一切关于人的存在及其价值的文化科学判断，以"纯粹"的科学态度寻求人的本质。胡塞尔试图摆脱实证主义社会学所带来的科学危机，但当他用先验的抽象的现象存在来代替真实的人的存在时，并不能真正说明人和文化的社会学意义。舒茨认为，只有借助符号的作用，即通过他人所创造的文化现象，才能接受别人的感受。

20世纪30年代的法兰克福学派、女权主义、精神分析文化、符号

---

① 哈里斯：《文化唯物主义》，北京：华夏出版社，1989，61、65页。
② 哈里斯：《文化唯物主义》，北京：华夏出版社，1989，66页。
③ 海德格尔：《林中路》，见《西方现代资产阶级哲学论著选辑》，北京：商务印书馆，1964，337页。

学和后结构主义等纷纷登场。法兰克福学派坚持高雅文化和通俗文化的二分标准，他们站在精英主义立场上，认为大众文化不同于"真正艺术"的理想模式，具有高度意识形态化和同一性的特征，必然产生欺骗被动的大众消费者的后果，把批判、颠覆和解放的特征仅归属于高雅文化的"特权"。

英国文化研究摒弃了这种高雅文化与通俗文化的区分，通过关注媒介文化产品，打破了法兰克福学派研究中的某些局限，设想出了主动的具有创造意义的文化的大众参与者。瓦尔特·本雅明虽然属于法兰克福学派，但没有成为该学派的核心，他从媒介文化的研究入手，看到其解放的潜力，深刻影响了文化研究。

二、当代文化研究的兴起与发展

文化研究（cultural studies）在国际上突出地兴盛于20世纪60年代。在欧美，文化研究大体经历了三代：第一代的文化研究者大多是文学研究者或文学批评家，第二代的文化研究者多集中于传媒研究，第三代的文化研究者更多的是社会学家。伯明翰大学的第二代的文化研究者将目标集中于文化传播研究，第三代的文化研究者将重心放到社会学。

关于当代文化研究的起源，本·卡林顿认为，一般关于文化研究历史的叙述都开始于理查德·霍加特的《识字能力的用途》、雷蒙德·威廉斯的《文化与社会》和《漫长的革命》，它们都出版于20世纪50年代晚期，而1964年成立的英国伯明翰当代文化研究中心（CCCS）被认为是最早的文化研究机构，1972年该中心发表第一期《文化研究工作报告》，拉开了文化研究的序幕，对阶级文化、青年亚文化、大众传媒、种族和性别问题等进行了卓有成效的研究。伯明翰学派的文化研究为研究工业化资本主义社会的当代生活及文化现象提供了新的理论思路，也为世界范围内的文化研究提供了一个全新的研究模式。20世纪80年代，在英国许多大学开设了文化研究课程并授予学位，80年代在美国、加拿大、澳大利亚等地兴起了文化研究，蔚然成风。

英国学者阿雷恩·鲍尔德温等合著的《文化研究导论》指出，通常从三个角度研究文化：（1）作为艺术或智力活动的文化，通常成为人文学者的研究领域；（2）人类学家和社会学家考察的则是作为生活方式的文化；（3）过程和发展意义上的文化主要是运用历史文献和历史方法的历史学家的研究领域。[①] 该书强调文化研究的跨学科性质，覆盖了文化研究的最重要的方面，考察了文化的不同维度，包括空间、时间、政治、身体以及视觉文化等。

劳伦斯·格罗斯伯格认为，文化研究虽然是反学科化的，也不先验地界定自己的对象与方法，但也不能说什么东西都是文化研究，文化研究的特点正是体现在它始终坚持从现实需要出发，灵活地选择研究对象和研究方法上。

保罗·史密斯认为，文化研究"没有任何集中的对于对象的界定，却有一种相当于'一时心血来潮的'或者仅仅是机会主义的方法论，文化研究于是就只可能根据它所探讨的各种话题来证明它自身。换言之，文化研究所能做的仅仅是成为一个在论题方面有条理的研究领域，在其中，选择特定的话题或论题，最终要比选择方法或程序更为重要"。他指出：文化研究中一些最为杰出的名人已经就这些话题提出了各种相似的主张：文化研究的各种设想与过程的灵活性，允许有一种分析上的自由，这种自由可以灵活地对文化生活不断变化着的复杂性作出反应。[②]

澳大利亚学者格雷姆·特纳提出要特别关注文化理论（尤其是逐渐被人们当作"正宗"加以接受的、占支配地位的文化理论）与生产它

---

① 阿雷恩·鲍尔德温等：《文化研究导论》（修订版），北京：高等教育出版社，2004，8页。
② 保罗·史密斯：《文化研究的回顾与前瞻》，载陶东风主编：《文化研究精粹读本》，北京：中国人民大学出版社，2006，3页。

们的特定历史条件的关系,因为占支配地位的理论与实践比它自己承认的要更加受制于特定的文化。文化研究的历史表明,大多数产生重要理论成果的那些研究,恰恰在于抓住了研究对象的特殊性,并在此基础上建构、发现新的理论,或拓展、修正原有的理论。特纳还指出:对于文化之间而不是文化内部的差异的不敏感性,或许正是当代文化研究实践中流传最为广泛的疾病。①

以威廉斯、霍尔、霍加特等为代表的文化研究形成了自己的传统和模式。威廉斯著有《文化和社会》(1963)、《马克思主义和文学》(1977)、《文化》(1981)等,他提出文化是日常生活的全部方式,他对"日常的文化"的关注对文化观念的发展有着重要影响。英国新左派的创始成员之一霍尔,既是《新左派评论》最早的编辑,也是伯明翰"当代文化研究中心"的负责人,第一本论文集《艰难的复兴之路:撒切尔主义与左派的危机》1988年出版。英国学者约翰·斯道雷著有《文化理论与通俗文化导论》,每一章节后都附有关于文化的若干本参考书。法国、德国及其他的欧洲国家为世界范围内的文化研究提供了广阔的理论空间。保罗·史密斯在《文化研究的回顾与前瞻》一文中通过对欧洲和美国的文化研究的历史与现状的总结和反思,认为必须复活马克思主义以重新激活文化研究。

澳大利亚文化理论家托尼·本内特在《文化:一门改革家的科学》(1998)一书中把文化研究定位为五个方面:(1)广义的政策研究,涉及政府与文化的关系,包括广播、影视和传媒政策,艺术政策,博物馆、画廊、图书馆、文化旅游和文化产业等;(2)政策与实践的关系;(3)跨学科和多元化,涵盖人文社会科学的所有学科,如历史、社会学、文化和传媒研究、妇女研究、经济学、人类学等;(4)国际和比较研究;

---

① [澳]格雷姆·特纳:《"为我所用":英国文化研究、澳大利亚文化研究和澳大利亚电影》,载陶东风主编:《文化研究精粹读本》,北京:中国人民大学出版社,2006。

（5）在历史视域中来理解当代政府和文化的关系。①

塞缪尔·亨廷顿指出：21世纪是作为文化的世纪开始的，各种不同文化之间的差异、互动、冲突走上了中心舞台，这已经在各个方面变得非常清楚。在一定程度上，学者、政治家、经济发展官员、士兵和战略家们都转向把文化作为解释人类的社会、政治和经济行为最重要的因素。他对文化的界定是：第一，文化可以指一个社会的产物，即人们所说的社会的高雅文化、艺术、文学、音乐和大众文化或者叫民间文化。第二，人类学者在一个更宽泛的意义上所说的文化，是指一个社会整个的生活方式、社会制度、社会结构、家庭结构以及人们所赋予它们的意义。第三，其他学者，尤其是政治学家，把文化视为某种主观的东西，意味着信仰、价值观、态度、取向、假定、哲学，即一个特定群体的世界观。②

当代文化研究万象纷呈，有着巨大的生长空间。

三、当代文化研究的主要领域

近年来，文化已从一般的研究进入跨学科领域，逐渐形成了一个"文化科学群落"。文化研究与文学、美学、哲学、传播学、人类学、社会学研究等有一定的交集。文化研究吸收了各种学术传统，综合各种理论，也借助和改造其他领域的术语和概念，如性别政治、全球化、权力、快感、意识形态、文本、表征、霸权等。文化研究没有单一的学科来源，不仅研究文化，也探讨与文化有关的各方面问题，涉及政治、经济、传媒、科技教育、生态，等等。

（一）文学界的研究

文化研究的发端，较多的与文学结缘。以英国伯明翰大学当代文化

---

① Tony Bennet. *Culture: A Reformer's Science*. London: Sage Publication, 1998.
② 塞缪尔·亨廷顿：《再论文明的冲突》，载《马克思主义与现实》，2003（1）。

研究中心为代表的文化研究创始人及其后继者努力扩展文学研究的边界，同时也坚信文学研究对文化研究大有裨益。20世纪西方文学批评经历了作者中心论、文本中心论和读者中心论之后，必然要向更宽广的社会、历史、政治拓展，从文本向更深厚的文化拓展。

许多文学理论家或文学批评家（如利维斯、弗莱、阿尔都塞、威廉斯、霍尔、霍加特、汤林森等）影响了文化研究。其后的女性主义文化研究者，后殖民主义文化研究者斯皮瓦克、霍米巴巴、东方主义或后东方主义研究者赛义德等原本是文学理论家或文学批评家。

当今社会的审美活动已经大大不同于以往的文学艺术的界限和范围，今天占据大众文化生活中心的已不是小说、诗歌、散文、戏剧、绘画、雕塑等经典的艺术门类，而是一些新兴的泛艺术门类的活动，如广告、流行歌曲、时装、电视连续剧、网络游戏，乃至环境设计、居室装修等，特别是新媒体、融媒体已在很大强度上改变了人们的文化生活。艺术活动的场所也不限于所谓的高雅艺术场馆，而深入到大众的日常生活之中。在城市广场、购物中心、街心花园等社会空间与生活场所，文化活动、审美活动、商业活动和社交活动之间不存在严格的界限。网络文化出现了许多新的现象。当代文艺研究逐渐转向文化领域，关注日常生活中的审美现象。

（二）传播媒介研究

法兰克福学派开启了对于大众传播与大众文化及批判性研究，在20世纪30年代就形成了文化与传播研究中一种批判的、跨学科的方法，它把对于传媒的政治经济学批判、文本分析、大众文化与传播的意识形态效果研究结合起来。他们创造了"文化工业"这个词来说明批量生产的文化工业化过程以及推动其过程的商业律令。法兰克福学派阐述了媒介文化的社会角色，并提供了对于高度商业化、技术高度发达的文化的研究模式。媒介文化是在一种工业内部的符码和模式中得以产生的,而文化工业又是根据工业生产模式得到组织的。

视觉文化是文化研究特别关注的中心之一。米歇尔说,当下社会科学以及公共文化领域正在发生一种纷繁纠结的转型,而在当代哲学家的论述中,这种转向也是明白无误的。他们把这一变化称为"图像转向"。它从根本上动摇了长期以来由传播手段限定和形成的人类文明的发展趋向,即文字长期居于独霸地位,而把图像当作视觉性、机器、体制、话语、身体和喻形性之间的一种复杂的相互作用的综合体来加以研究。图像正以前所未有的力度影响着文化的每一个层面,从最高深精微的哲学思考到大众媒介最为粗俗浅薄的生产制作,都与图像相关,人们的日常生活、信息来源越来越多地依靠图像。必须正视这种现象并逐步建立一套新的视觉文化批评的话语。道格拉斯·凯尔纳指出:文化研究就是批判性的传媒教学的组成部分,这种传媒教学使得个体能够抵抗传媒的操纵,提高自己的自由和个体性。[①]

文化产业的研究,实质上多半与传播媒介相关,涉及出版、广播、电视、电影、音像,等等。

文化和传播在社会中起着越来越重要的作用,对于文化和传播的研究成为关于当代社会研究的一个重要方面。

(三)社会学领域的文化研究

社会学视野中的文化概念将重心移到社会共享的价值观念和行为特征等方面,关注文化的社会关系、社会意义以及社会权力等,致力于社会语境中的文化分析。

本·卡林顿(Ben Carrington)在《解构中心:英国文化研究及其遗产》一文中强调了社会学和文化研究的内在关联,提出应该消解两

---

① 道格拉斯·凯尔纳:《批评理论与文化研究:未能达成的结合》,载陶东风主编:《文化研究精粹读本》,北京:中国人民大学出版社,2006,156页。

者之间已经并正在强化的紧张关系。他说:文化研究并不打算否定社会学的观点的重要意义,而试图通过将社会学的观点融入新的理论框架,即在那些关于统治、文化管理和权力话语制度的话题中,来扩展它们的意义。①

韦伯斯特在《社会学、文化研究和学科边界》中描述了20世纪60年代以来英国文化研究与社会学学科所经历的转变过程。②

阿诺德认为,文化是一种与物质文明截然对立的社会力量,它是甜美的、光明的、非功利的,是我们思想过和言说过的最好的东西,它是对完善的研究,它内在于人类的心灵,又为整个社群所共享,是美和人性的一切构造力量的一种和谐。他所定义的文化,是一种精英文化而非大众文化。

威廉斯更注重文化的"社会"定义,主张不断地扩展文化的意义,直至它与我们的日常生活成为同义。他指出,文化不仅是新的生活方式、新的"工业"的反映,也是新的政治和社会发展的反映,它涉及人们的日常经验、人际关系和社会关系。威廉斯要求把文化分析看作一个整体,对思想和作品的文本分析应当和对它们所在的社会制度和结构的分析结合起来。

如斯道雷所说,威廉斯关于文化的"社会"定义引入了思考文化的三种新的方法:第一,扩展了文化概念,使之包容了更广泛的范围;第二,强调文化是特殊的生活方式;第三,把文化和意义联系起来,认为文化是不断变化的意义网络,是每个人都参与其中的事情。

道格拉斯·凯尔纳指出:文化研究坚持认为文化必须在社会关系和社会系统内得到研究,文化本身就是通过这种关系和系统而得以生产

---

① 本·卡林顿:《解构中心:英国文化研究及其遗产》,载陶东风主编:《文化研究精粹读本》,北京:中国人民大学出版社,2006。

② Frank Webster. Sociology, Cultural Studies, Disciplinary. in Toby Miller (ed.). *A Companion to Cultural Studies*. Blackwell Publishers, 2001, pp.79–99.

和消费的，认为对于文化的分析是与对于社会、政治以及经济的分析紧密联系在一起的。①

可以说，真正为大多数文化研究提供主要的"元概念"构架的，除了文化人类学，就是社会学了。从社会学角度对文化的认知、定位和分析研究，就形成了文化社会学。

（四）大众文化研究

大众文化，相应的英文有 mass culture、popular culture，意义与通俗文化、流行文化、群众文化相近。大众文化研究是当代文化研究的主干，是文化学的重要研究领域。

雷蒙德·威廉斯指出：大众文化不是因为大众，而是因为其他人而得其身份认同的，它仍然带有两个旧有的含义：低等次的作品（如大众文学、大众出版商以区别于高品位的出版机构）；刻意炮制出来以博取欢心的作品（如有别于民主新闻的大众新闻，或大众娱乐）。它更现代的意义是为许多人所喜爱，而这一点，在许多方面，当然也是与先前的两个意义重叠的。近年来事实上是大众为自身所定义的大众文化，作为文化它的含义与上面几种都有所不同，它经常是替代了过去民间文化占有的地位，但它亦有种很重要的现代意识。② 他认为大众的含义是大众的、为大众的，也是让大众所喜爱的。

斯道雷说：虽然不能说文化研究不能或不应该还原为大众文化研究，但是情况显然是这样：大众文化研究是文化研究规划的核心。③

美国社会学家赫伯特·冈斯在《大众文化和高雅文化：趣味的分析

---

① 道格拉斯·凯尔纳：《批评理论与文化研究：未能达成的结合》，载陶东风主编：《文化研究精粹读本》，北京：中国人民大学出版社，2006，139 页。
② Raymond Williams. *Keywords:A Vocabulary of Cultural and Society*. London:Fontana, 1976, p.199.
③ John Storey. *Cultural Studies :An Introduction*. Arnold, 1996, p.1.

和评价》一书中，把从音乐、艺术、设计、文学、新闻以及"这一切从中得到表达的传媒"，到所有表现了种种审美价值或功能的消费品，如家具、服饰等等，一并划到了大众文化的名下。

大众文化从它诞生的第一天起就与大众传媒携手并进。斯图亚特·霍尔在《文化、传媒和"意识形态效果"》一文中指出，现代传媒首要的文化功能，就是选择建构"社会知识"和社会影像。大众通过传媒建构的这类知识和影像来认知世界，来体味他们曾经经历过的现实生活。

根据威廉斯等的概括，大众文化的意义及其阐释，可以归结为以下三个方面的问题。

第一，是谁、是什么决定着大众文化？大众文化从何而来？它是来自民众自身，是他们喜怒哀乐和经验模式的自然表达，还是统治阶级加之于民，成为一种社会控制？

第二，如何看待商业化和产业化对大众文化的影响？文化以商品形式出现，是否意味着利润和市场的标准先于内质、艺术和知识内涵？

第三，大众文化扮演何种意识形态角色？它是诱使大众接受并且追随统治阶级的价值观念，以使特权阶层延续并且强化对他们的统治，还是它表征了对现存社会秩序的叛逆和反抗？它是不是以某种隐蔽的形式和方法，表述了对统治阶级推行之意识形态的一种抵制、一种颠覆？[①]

美国大众文化批判理论家 D. 麦克唐纳比较了民间文化与大众文化，指出，民间文化发端于下层，它是民众自然而然的经验表达，为民众自享，满足自身的需要。大众文化则是从上面下达，是为商人雇用的技师为市场制作出来的，包括广播、电影、电视、卡通、侦探小说、科幻小说等，它的观众是被动的消费者。

[①] 参见陆扬、王毅：《文化研究导论》，上海：复旦大学出版社，2007，262页。

大众文化往往成为标准文化、程式文化、重复文化和肤浅文化的同义语。[①]

一般来说，大众文化就是大多数社会成员的文化样式，涉及人们社会生活的各个领域，如民间流行的歌曲、通俗小说、电视剧、民间故事，等等。大众文化的表象是质朴的、粗浅的、时尚的、实用的、多元的，其本质是大众的可接受性与享用性。现代社会的传媒工具为大众文化提供了基础。消遣和娱乐是大众文化的主要功能。

文化学要通过了解和研究大众文化，提升大众文化品位，利用大众文化进行先进文化教育，使大众文化健康发展。

（五）后现代文化研究

后现代主义文化研究的代表人物有福柯、丹尼尔·贝尔、詹明信、凯尔纳、约翰·费斯克等。

凯尔纳把大致从 20 世纪 80 年代中期开始的更新的文化研究称为"后现代的文化研究转向"，即文化研究转向后现代的问题框架。这种转向遍及整个英语世界，强调快感＝消费以及个体对于身份的建构。在这个阶段，英国和北美的文化研究从早先的社会主义的和革命的政治，转向了后现代的身份政治形式，对于媒介和消费文化的研究视角更加缺少批判性。他承认，后现代的文化研究所描述的杂交文化形式和身份形式对应于一种全球化的资本主义。

约翰·费斯克被视为文化研究转向的重要代表人物。在 20 世纪 70 年代之前，英国大众文化研究带有精英主义倾向，具体表现为对大众观众的积极性、能动性的低估。70 年代之后，以费斯克等为代表的英国文化理论家试图扭转这个传统，倡导大众观众在文化接受与理解过程中的主动性，建构一种积极乐观的大众文化理论。在《关键概念：传播与文化研究词典》中，费斯克等强调，"文化"一词属于多重话语，

[①] 参见陆扬、王毅：《文化研究导论》，上海：复旦大学出版社，2007，265 页。

问题的关键在于识别话语性的文本本身，如民族主义的话语、时尚的话语、人类学的话语、文学批评的话语、马克思主义的话语、女权主义的话语、文化研究的话语甚至常识的话语。在《解读大众文化》中，费斯克把文化理解为生产关于和来自我们的社会经验的意义的持续过程，并且这些意义需要为涉及的人创造一种社会认同[①]。他强调文化是"生成"的，是在与日常生活的相关性中"生产"的。

20世纪70年代，葛兰西的"文化领导权"概念被引入到英国文化研究中，带来了对大众文化的重新思考，并对整个文化研究方向的调整起了极大的推动作用，被称为"葛兰西转向"。

罗斯伯格等编选的论文集《文化研究》内容丰富，包括：文化研究自身的历史、性别问题、民族性与民族认同问题、殖民主义与后殖民主义、种族问题、大众文化问题、身份政治学、美学政治学、文化机构、文化政策、学科政治学、话语与文本性、重读历史、后现代时期的全球文化等。[②]

后现代主义怀疑文化发展有规律，把历史看成支离破碎的碎片；怀疑学术研究的科学基础，怀疑现代思维模式否定科学的、理智的思维方法；怀疑文化的功能和地位，怀疑文本的可靠性，不满足读懂史料，而是致力于解读史料所用语言背后的意义。

后现代文化研究，具有反集权、反等级、反规束的特点，明显带有福柯、德里达、哈贝马斯等后现代哲学家的思想印记。

文化研究如詹姆逊所言是一种"后学科"，是一种开放的、适应当代多元范式的时代要求并与之匹配的超学科、超学术、超理论的研究方式。

[①] 约翰·费斯克：《解读大众文化》，南京：南京大学出版社，2001，1页。
[②] 参见陶东风：《文化研究：西方话语与中国语境》，载《文艺研究》，1998（3）。

（六）跨学科的国际性研究

跨学科、多元化、国际性，成为文化研究的关键词。

法兰克福学派和英国文化研究都具有跨学科研究的性质，都抵制业已形成的学术分工，把对文化生产与文化的政治、经济的分析与文本分析（将文化产品置于其社会历史的语境中）结合起来，同时也与对读者接受以及文化文本的使用的研究结合起来。

鲍尔德温等指出，文化研究已经作为知识活动的富有魅力和令人激动的领域而出现，这种知识活动已经对人类文化的特征做出了，并承诺继续做出新的重要阐释。虽然还有人对文化研究能否作为一个重要而独特的研究领域被广泛认可心存疑虑，但它确实包含了一个具有潜在发展趋势的巨大领域[①]。

多伦多大学教授D.保罗·夏弗提出一种总体视野的文化观念，认为文化可以比较宇宙哲学，认为文化是一个有机的能动的总体，它关涉到人们观察和解释世界、组织自身、指导行为、提升和丰富生活的种种方式，以及如何确立自己在世界中的位置[②]。

20世纪90年代初，在美国伊利诺伊大学召开了以大文化研究为主题的国际研讨会，大会聚集了世界各地数百名各种不同专业如哲学、文学批评与文学研究、政治学、人类学、社会学、传播学等学科的学者，包括德里达等当代学界巨子。会后出版的论文集《文化研究》（1992），收入了40多篇论文，此书引起学界轰动。论文集编者认为，文化研究的特点就是逃避与拒绝学科规范，在文化研究中没有任何方法论可以被赋予特权，也没有哪种方法论可以被排除在外。文化研究虽然是反

---

① 阿雷温·鲍尔德温等：《文化研究导论》，北京：高等教育出版社，2005。
② D.Paul Schafer. *Culture: Beacon of the Future*. Twickenhan: Adamantine Press, 1998, p.41.

学科化的，也不先验地界定自己的对象与方法，但也不能说什么东西都是文化研究，文化研究的特点体现为它始终坚持从现实需要出发，灵活地选择研究对象与研究方法。①

道格拉斯·凯尔纳把大致从20世纪80年代中期开始的更新的文化研究称为"后现代的文化研究转向"，即文化研究转向后现代的问题框架。凯尔纳指出：文化研究的主要传统至少结合了社会理论、文化批评、历史、哲学分析以及特定的政治参与，因此通过克服人为的学科专业化而超越了标准化的学科划分。文化研究通过跨学科的概念而进行操作，而这些概念依赖于社会理论、经济学、政治学、历史、传播研究、文学与文化理论、哲学以及其他理论话语。跨学科的研究文化与社会的方法跨越各个学科的边界。②

甚至出现了生态学和生物学的文化概念，认为文化并不仅仅限于人类和人类的创造，同样适用于其他物种和整个自然领域，视文化为人类和自然环境之间一种互补的象征关系，一个对话交流的过程。

陆扬、王毅在《文化研究导论》一书中，系统地介绍和评述了西方文化研究流派和理论，如文化社会学、文化主义、文化工业批判、伯明翰学派、结构主义、文化"霸权"理论、后现代文化、大众文化、大众传媒研究、空间理论等，并进行了反思和质疑，引入了现代性的问题意识，并进行了个案研究。③

文化研究在跨学科的范畴之内运行，这种新的文化研究是以当代全球化变革的当下现实为依据的。文化研究的历史表明，大多数产生重要理论成果的那些研究，恰恰在于抓住了研究对象的特殊性，并在此基础上建构、发现新的理论，或拓展、修正原有的理论。文化研究总

---

① 参见劳伦斯·格罗斯伯格等编：《文化研究》，Routledge，1992。
② 道格拉斯·凯尔纳：《批评理论与文化研究：未能达成的结合》，载陶东风主编：《文化研究精粹读本》，北京：中国人民大学出版社，2006，145页。
③ 陆扬、王毅：《文化研究导论》，上海：复旦大学出版社，2007。

是根据特定的问题和事件而不断地界定自己的工作平台，其主张通过对特定实践的关心、关怀而限定，并随实践的变化而变化。它注重研究当代文化、大众文化、被主流文化排斥的亚文化或边缘文化；关注文化在社会中的地位及与各方面的关系；倡导一种跨学科的研究方法。

第三章　马克思主义文化思想

尽管马克思主义经典作家没有专门研究文化学理论，但是他们的论述中包含着有关文化的思想，蕴含着研究文化的原则、立场和方法。

马克思和恩格斯对文化现象进行了研究，把文化问题与人的发展问题结合起来，开辟了文化研究的一条新路。主要体现在马克思的《1844年经济学哲学手稿》《〈黑格尔法哲学批判〉导言》《德意志意识形态》《政治经济学批判》《资本论》《哥达纲领批判》，恩格斯的《家庭、私有制和国家的起源》《劳动在从猿到人转变过程中的作用》等。在马克思晚年的历史学、人类学笔记中也有很多内容涉及文化研究。

一、对文化概念的运用

马克思和恩格斯有一些关于文化及文明的论述，但直接使用"文化""文明"概念的只有13处。[①]

"文化"一词，有广义和狭义的用法，广义即文化对整个社会生活（物质生产、社会制度、精神生活）的涵盖，狭义则只用来表述精神生活、知识体系，甚至意识形态。

---

① 参见黄力之、张春美主编：《马克思主义文化哲学与现代性》，上海：上海三联书店，2006，27页。该书作者根据苏联时期弗·让·凯勒主编的《文化的本质与历程》一书的引证做的统计。

马克思在1844年《评"普鲁士人"的"普鲁士国王和社会改革"一文》中说：谈到德国工人总的文化、知识的水平或者他们的接受文化、知识的能力，那我就提醒读者注意魏特林的天才著作，不管这些著作在论述的技巧方面如何不如蒲鲁东，但在理论方面有很多却胜过他。[①]这里将文化、知识并列，是狭义的用法。恩格斯在《论住宅问题》中说，工业革命创造了一种可能性，在所有的人实行合理分工的条件下，比较进行大规模生产以充分满足全体社会成员丰裕的消费和造成充实的储备，而且使每个人都有充分的闲暇时间从历史上遗留下来的文化——科学、艺术、交际方式等等——中间承受一切真正有有价值的东西[②]。在这里，文化主要指科学、艺术、交际方式，包括知识、精神生活和交往方式等。

但他们更多的是从广义的社会生活方式、文明形态的意义上来使用"文化"概念。

马克思在《1844年经济学哲学手稿》中，批判了主张绝对平均主义甚至公妻制的粗陋共产主义，认为这是对整个文化和文明的世界的抽象否定，向贫穷的、没有需求的人——他不仅没有超越私有财产的水平，甚至从来没有达到私有财产的水平——的非自然的单纯倒退，恰恰证明私有财产的这种扬弃绝不是真正的占有[③]。这里将文化和文明并列，包含一个时期及其观念的意思。

在《资本论》中，马克思说：在文化初期，已经取得的劳动生产力很低，但是需要也很低，需要是同满足需要的手段一同发展的，并且是依靠这些手段发展的。其次，在这个文化初期，社会上依靠别人劳动来生活的那部分人的数量，同直接生产者的数量相比，是微不足道

[①]《马克思恩格斯全集》，第1卷，北京：人民出版社，1956，483页。
[②]《马克思恩格斯全集》，第1卷，北京：人民出版社，1956，246页。
[③]《马克思恩格斯全集》，第42卷，北京：人民出版社，1979，118页。

的。①这里的"文化和文明没有严格的区分。

在《哥达纲领批判》中,马克思几次使用了文化概念:资产者有很充分的理由给劳动加上一种超自然的创造力,因为正是以劳动所受的自然制约性中才产生出如下的情况:一个除自己劳动力外没有任何其他财产的人,在任何社会的和文化的状态中,都不得不为占有劳动的物质条件的他人做奴隶。②这里所说的"文化的状态"就是指人的社会性关系。孤立的劳动(假定它的物质条件是具备的)虽然能创造使用价值,但它既不能创造财富,也不能创造文化。③将文化作为对财富的补充说明,强调了文化的非物质性,也即精神性质。权利永远不能超出社会的经济结构以及由经济结构所制约的社会的文化发展。④在这里,文化指与经济相对应的社会制度及其意识形态,相当于上层建筑,也是狭义的用法。

马克思在行文中有时使用"文化意识""文化观"等概念。

恩格斯在《反杜林论》中有一个著名的论断:文化上的每一个进步,都是迈向自由的一步。⑤这是在社会发展状态意义上使用"文化"概念。

马克思晚年在《人类学笔记》中,也使用了"文化"概念。他认同摩尔根在《古代社会》中对"文化时期"的用法。有这样一段摘要:例如非洲过去和现在都处于蒙昧时代和野蛮时代两种文化交织混杂状态,澳大利亚和波利尼西亚则曾经处于完完全全的蒙昧状态。美洲印第安人族系,和其他一切现存的族系不同,他们提供三个顺序相承的文化时期的人类状态。⑥马克思对"两种文化"及"三个顺序相承的文化时期"画了着重线,对人类经验的成果在相同文化阶段上的一切时代和

---

① 《马克思恩格斯全集》,第23卷,北京:人民出版社,1972,559页。
② 《马克思恩格斯全集》,第19卷,北京:人民出版社,1963,15页。
③ 《马克思恩格斯全集》,第19卷,北京:人民出版社,1963,17页。
④ 《马克思恩格斯全集》,第19卷,北京:人民出版社,1963,22页。
⑤ 《马克思恩格斯选集》,第3卷,北京:人民出版社,1972,154页。
⑥ 《马克思恩格斯全集》,第45卷,北京:人民出版社,1972,331页。

地区中都是基本相同的^①之"文化阶段"也画了着重线。

二、研究文化的方法论基础

唯物史观是研究宏观的文化问题的方法论基础。就其实质来说，唯物史观是一种系统论的文化历史思想，以经济结构作为文化的能动信息核心，认为一种社会文化的历史形态具有层次性和结构性的特征（区分为基础和上层建筑），文化的外部层次受到信息核心的控制和制约，又反馈和互动于信息核心，等等。②

马克思在《〈政治经济学批判〉导言》中阐述了关于社会结构的理论，他说：人们在自己生活的社会生产中发生一定的、必然的、不以他们的意志为转移的关系，即同他们的物质生产力的一定发展阶段相适合的生产关系。这些生产关系的总和构成社会的经济结构，即有法律的和政治的上层建筑竖立其上并有一定的社会意识形式与之相适应的现实基础。物质生活的生产方式制约着整个社会生活、政治生活和精神生活的过程。③ 马克思明确揭示了社会结构的三个基本层次、两大基本过程和四个基本要素。三个基本层次是：社会经济结构（生产关系的总和）、社会政治结构（法律的和政治的上层建筑）、社会文化结构（各种社会意识形式）。两大基本过程指社会的物质生活过程和精神生活过程，前者表现为物质资料的生产方式，亦即社会的物质关系；后者表现为人们的社会意识，亦即社会的思想关系。马克思把复杂的社会关系划分为物质关系和思想关系，用经济基础和上层建筑涵盖其基本要义。四个基本要素是：生产力、生产关系、政治的上层建筑和社会意识形态。在这种社会结构框架中，划分出物质文化、制度文化、精神文化。这

---

① 《马克思恩格斯全集》，第 45 卷，北京：人民出版社，1972，398 页。
② 参见何新：《关于文化学研究的通信》，载《学习与探索》，1986（2）。
③ 《马克思恩格斯选集》，2 版，第 1 卷，北京：人民出版社，1995，24 页。

不仅精确地划分出各种社会和文化现象的类别,而且真正找到了社会和文化发展的各种辩证关系,也为后来的马克思主义思想家(特别是列宁和毛泽东)划分经济、政治、文化三大领域提供了启迪。

马克思对人类社会的物质生活和精神生活的关系做了富有逻辑性的描述:不是人们的意识决定人们的存在,相反,是人们的社会存在决定人们的意识。社会的物质生产力发展到一定阶段,便同它们一直在其中运动的现存生产关系或财产关系(这只是生产关系的法律用语)发生矛盾。于是这些关系便由生产力的发展形式变成生产力的桎梏。那时社会革命的时代就到来了。随着经济基础的变更,全部庞大的上层建筑也或慢或快地发生变革。在考察这些变革时,必须时刻把下面两者区别开来:一种是生产的经济条件方面所发生的物质的、可以用自然科学的精确性指明的变革,一种是人们借以意识到这个冲突并力求把它克服的那些法律的、政治的、宗教的、艺术的或哲学的,简言之,意识形态的形式。①

马克思和恩格斯说:过去的一切历史观不是完全忽视了历史的这一观念基础,就是把它仅仅看成与历史过程没有任何联系的附带因素。根据这种观点,历史总是遵照在它之外的某种尺度来编写的,现实的生活生产被描述成某种史前的东西,而历史的东西则被说成是某种脱离日常生活的东西,某种处于世界之外和超乎世界之上的东西。这样就把人对自然界的关系从历史中排除出去了,因而造成了自然界和历史之间的对立。因此这种观点只能在历史上看到元首和国家的丰功伟绩,看到宗教的、一般理论的斗争,而且在每次描述某一历史时代的时候,它都不得不赞同这一时代的幻想。例如,某一时代设想自己是由纯粹"政治的"或"宗教的"动因所决定的,那么它的历史学家就会接受这个意见,尽管"宗教"和"政治"只是时代的现实动因的形式。

---

① 《马克思恩格斯选集》,2版,第2卷,北京:人民出版社,1995,32–33页。

这些特定的人关于自己的真正实践的"想象"、"理念"变成一种支配和决定他们的实践的唯一起决定作用的和积极的力量。①

恩格斯在《反杜林论》中说：旧的，还没有被排除的唯心主义历史观不知道任何基于物质利益的斗争，而且根本不知道任何物质利益；生产和一切经济关系，在它那里只是被当作"文化史"的从属因素顺便提到过。②

这两段话说明，以往的历史观脱离日常的现实生活和生产，按照某种臆想的观念或政治、宗教和描述与概括，物质利益和经济关系被当作从属因素写入了历史，特别是文化史。这里的"文化史"是与唯心史观等同的概念。

马克思在《〈政治经济学批判〉导言》手稿中说：历史的观念论的历史叙述同现实的历史叙述的关系，特别是同所谓文化史的关系，这所谓文化史全部是宗教史和政治史。③这里的"文化史"用语也就是唯心史观的一种表述。

这段话包含着几点很重要的思想，马克思认为：第一，旧文化史被归结为宗教史和政治史，这是不可取的；第二，应当探索现实的历史叙述与文化史的关系；第三，在史学中存在三种不同的历史编纂方法，即客观的、主观的（伦理的等等）、哲学的。

马克思和恩格斯说：这种历史观就在于：从直接生活的物质生产出发阐述现实的生产过程，把同这种生产方式相联系的、它所产生的交往形式即各个不同阶段上的市民社会理解为整个历史的基础，从市民社会作为国家的活动描述市民社会，同时从市民社会出发阐明意识的所有各种不同理论产物和形式，如宗教、哲学、道德等等，而且追溯它们产生的过程。这样当然也能够完整地描述事物（因而也能够描述

---

① 《马克思恩格斯选集》，第1卷，北京：人民出版社，1972，44页。
② 《马克思恩格斯选集》，第3卷，北京：人民出版社，1972，423页。
③ 《马克思恩格斯全集》，第46卷（上），北京：人民出版社，1972，47页。

事物的这些不同方面之间的相互作用)。①

马克思明确指出：宗教、家庭、国家、法、道德、科学、艺术等等，都不过是生产的一些特殊的方式，并且受生产的普遍规律的支配。②

恩格斯说：历史从哪里开始，思想进程也应当从哪里开始，而思想进程的进一步发展不过是历史进程在抽象的、理论上前后一贯的形式上的反映。③

文化作为人类的生存方式，它既不能脱离日常的现实生活和生产，又不能从属于物质利益和经济关系的精神和意识因素。

三、文化的本质与人的本质

(一) 文化的本质是人的本质的对象化

文化的本质要由人的本质来说明。马克思认为，人的本质是"一切社会关系的总和"。人类通过自由劳动，使自己的目的得以全面实现，人以一种全面的方式，也就是说，作为一个完整的人，占有自己的全面的本质④。在从全部社会关系中具体展开人的本质的同时，通过人的全面的实践活动，文化系统与文化结构的层次分析也就有了参照标准和依据。

马克思指出：培养社会的人的一切属性，并且把他作为具有尽可能丰富的属性和联系的人，因而具有尽可能广泛需要的人生产出来——把他作为尽可能完整的和全面的社会产品生产出来……⑤。这就是文化的本质，并且说明了文化的社会意义和社会功能。或者说，文化的本质、意义和

---

① 《马克思恩格斯选集》，第1卷，北京：人民出版社，1995，92页。
② 《马克思恩格斯全集》，第42卷，北京：人民出版社，1979，121页。
③ 《马克思恩格斯选集》，第2卷，北京：人民出版社，1995，122页。
④ 《马克思恩格斯全集》，第42卷，北京：人民出版社，1979，123页。
⑤ 《马克思恩格斯全集》，第46卷（上），北京：人民出版社，1972，392页。

功能就在于人的发展，在于培养具有尽可能丰富的属性和联系的全面发展的人。

马克思认为，人作为特定的社会地位、特定的社会职能以及人与人联系纽带的社会文化制度的承担者，乃是社会的产物。作为人类意识，他的观念、思考、感知等，从总体上讲，也是在自己的普遍性中作为思维着的存在物自为地存在着的，他也是总体、观念的总体、被思考和被感知的社会的主体的自为存在，正如他在现实中既作为社会存在的直观和现实享受而存在，又作为人的生命表现的总体而存在一样①。人的意识一开始就是社会的产物，而且只要人们还存在着，它就仍然是这种产物②。

马克思把早期人类差异比作"正常的儿童""早熟的儿童""粗野的儿童"。③他说：为什么历史上的人类童年时代，在它发展得最完美的地方，不该作为永不复返的阶段而显示出不朽的魅力呢？有粗野的儿童，有早熟的儿童。古代民族中有许多是属于这一类的。希腊人是正常的儿童。他们的艺术对我们所产生的魅力，同它在其中生长的那个不发达的社会阶段并不矛盾。它倒是这个社会阶段的结果，并且是同它在其中产生而且只能在其中产生的那些未成熟的社会条件永远不能复返这一点分不开的。④

马克思说：人则使自己的生命活动本身变成自己的意志和意识的对象。他的生命活动是有意识的。这不是人与之直接融为一体的那种规定性。有意识的生命活动把人同动物的生命活动直接区别开来。正是由于这一点，人才是类存在物。或者说，正因为人是类存在物，他才是有意识的存在物，也就是说，他自己的生活对他是对象。仅仅由于

---

① 《马克思恩格斯全集》，第42卷，北京：人民出版社，1979，123页。
② 《马克思恩格斯选集》，第1卷，北京：人民出版社，1972，81页。
③ 《马克思恩格斯全集》，第46卷（上），北京：人民出版社，1972，49页。
④ 《马克思恩格斯选集》，第2卷，北京：人民出版社，1995，113–114页。

这一点,他的活动才是自由的活动。①无论从理论方面,还是从实践方面来说,人的本质对象化都是必要的。②对象化活动不仅产生出物质成果,而且导致了人的历史主体性。这样,文化的必要性也从人的主体性提升的角度得到确认。

马克思说:在再生产的行为本身中,不但客观条件改变着……而且生产者也改变着,炼出新的品质,通过生产而发展和改造自身,造成新的力量和新的概念,造成新的交往方式、新的需要和新的语言。③这是说,人类在再生产过程中,不仅创造了自己,改造了自己,扩大了交往,而且创造了新的文化。

(二)人类文化产生于人与自然的关系

马克思在《1844年经济学哲学手稿》中说:在实践上,人的普遍性正表现在把整个自然界——首先作为人的直接的生活资料,其次作为人的生命活动的材料、对象和工具——变成人的无机的身体。自然界,就它本身不是人的身体而言,是人的无机的身体。也就是说,自然界是人为不致死亡而必须与之不断交往的人的身体。所谓人的肉体生活和精神生活同自然界相联系,也就等于说自然界同自身相联系,因为人是自然界的一部分。④正是在改造对象世界中,人才真正证明自己是类存在物。这种生产是人能动的类生活,通过这种生产,自然界才表现为他的作品和他的现实。⑤马克思肯定了人是自然界的一部分,把自然称为"人的无机的身体",在经过人改造之后,自然界就"表现为他的作品和他的现实",即被人的实践活动打上印记的那部分自然界,这

---

① 《马克思恩格斯全集》,第42卷,北京:人民出版社,1979,95-96页。
② 《马克思恩格斯全集》,第42卷,北京:人民出版社,1979,126页。
③ 《马克思恩格斯全集》,第46卷(上),北京:人民出版社,1972,494页。
④ 《马克思恩格斯全集》,第42卷,北京:人民出版社,1979,95页。
⑤ 《马克思恩格斯全集》,第42卷,北京:人民出版社,1979,95、97页。

也就是文化。正是由于改造对象世界的活动,"这种生产是人能动的类生活",是一种创造性的生活方式,显示出一种有别于自然的文化形式。

马克思还强调,文化不仅产生于人对自然的改造过程,而且,文化本身是自然物的转化形式。从理论领域来说,植物、动物、石头、空气、光等等,一方面作为自然科学的对象,一方面作为艺术的对象,都是人的意识的一部分,是人的精神的无机界,是人必须事先进行加工以便享用和消化的精神食粮。[①]

四、"全面生产"中的精神生产

马克思、恩格斯曾经具体阐释了物质生产、精神生产、人自身生产、交往关系的生产四种生产形式,并在此基础上提出了"全面生产"的理论。

马克思说:要研究精神生产和物质生产之间的联系,首先必须把这种物质生产本身不是当作一般范畴来考察,而是从一定的历史的形式来考察。其次,从物质生产的一定形式产生:第一,一定的社会结构;第二,人对自然的一定关系。人们的国家制度和人们的精神方式由这两者决定,因而人们的精神生产的性质也由这两者决定。[②]语言也和意识一样,只是由于需要,由于和他人交往的迫切需要才产生的。[③]

精神生产在一般意义上是指"思想、观念、意识的生产"[④],它是人类创造观念形态产品的活动与过程,又称意识生产。在严格的意义上说,精神生产主要指精神生产者有意识、有目的地创造各种社会意识形态(如科学、艺术、道德、宗教、政治、法律、哲学等)和创造实践性观念(如方针、政策、规划、设计、模型、目的、计划方案等)的生产活动,以及精神产品的分配、交换、消费,即精神交往关系与

---

① 《马克思恩格斯全集》,第42卷,北京:人民出版社,1979,95页。
② 《马克思恩格斯全集》,第26卷(1),北京:人民出版社,1972,296页。
③ 《马克思恩格斯选集》,2版,第1卷,北京:人民出版社,1995,81页。
④ 《马克思恩格斯选集》,2版,第1卷,北京:人民出版社,1995,72页。

过程。马克思曾按照产品和消费之间的相互联系，把精神生产区分为两种基本形式：一是具有离开生产者和消费者而独立的形式，因而能够在生产和消费之间一段时间内存在，如书籍、绘画、图纸、拷贝、录音、录像、计算机软件等；二是产品和生产行为不能分离，如，一切表演艺术家、演说家、教员、医生、牧师等等情况，以及某些个体劳动中的仅供自己当时劳作所用的，在自己头脑中所设计的目的、计划、方案的生产和消费的情况，这时，产品在精神生产者主体的运动状态中即被他人或自己直接用来消费掉了。① 我们有理由把这两种形式的精神生产分别称为延迟性间接消费的精神生产形式和即时性直接消费的精神生产形式。精神生产为人类提供理论观点、科学知识、价值取向、行为规范、目的、决策、行动计划和未来预见等，在这一生产过程中所体现出的人类创造观念形态的产品的自由、自觉的能动性能力便是精神生产力。

生产力和上层建筑仍然可以发生直接的相互作用，并且，上层建筑也具有人类生产活动产品的性质，因为，作为政治上层建筑的相应制度与设施，即社会结构和国家总是从一定个人的生活过程中产生的②，而作为思想上层建筑的具体内容则只能通过特定的精神生产活动生产出来。马克思和恩格斯曾说过：人们的想象、思维、精神交往在这里还是人们物质行动的直接产物。表现在某一民族的政治、法律、道德、宗教、形而上学等的语言中的精神生产也是这样。③

（一）物质生产与精神生产发展不平衡及相互作用

马克思说：关于艺术，大家知道，它的一定的繁盛时期决不是同社会的一般发展成比例的，因而也绝不是同仿佛是社会组织的骨骼的物

---

① 参见《马克思恩格斯全集》，第48卷，北京：人民出版社，1985，61-62页，。
② 《马克思恩格斯选集》，2版，第1卷，北京：人民出版社，1995，71页。
③ 《马克思恩格斯选集》，2版，第1卷，北京：人民出版社，1995，72页。

质基础的一般发展成比例的。例如，拿希腊人或莎士比亚同现代人相比。就某些艺术形式，例如史诗来说，甚至谁都承认：当艺术生产一旦作为艺术生产出现，它们就再不能以那种在世界史上划时代的、古典的形式创造出来；因此，在艺术本身的领域内，某些有重大意义的艺术形式只有在艺术发展的不发达阶段上才是可能的。如果说在艺术本身的领域内部的不同艺术种类的关系中有这种情形，那么，在整个艺术领域同社会一般发展的关系上有这种情形，就不足为奇了。[①]困难不在于理解希腊艺术和史诗同一定社会发展形式结合在一起。困难的是，它们何以仍然能够给我们以艺术享受，而且就某方面说还是一种规范和高不可及的范本。

他认为，物质生产、经济制度虽然是政治、法律、哲学、伦理、文学、艺术等精神文化生产的基础，但是，把这些经济范畴按它们在历史上起决定作用的先后次序来安排是不行的，错误的[②]。精神文化的发展、观念的发展，并不是那些看来是合乎自然次序的东西决定的，而是由社会中的相互关系决定的。物质生产和精神生产并不是成比例的。从这一点出发，马克思认为资本主义的生产同某些精神生产部门如艺术和诗歌是相敌对的，现代人虽然在力学等方面超过了古代人，然而并不能创造出自己的史诗来，用《亨利亚特》来代替《伊利亚特》。[③]在社会生产力发展较低的阶段，观念文化却可能是先进的，例如希腊神话。恩格斯也分析过，当18世纪德国的生产力低于其他欧洲国家的发展时，其观念文化（哲学、艺术）却扮演了第一小提琴手的角色。精神文化创造是一定社会形态下自由的精神生产，是在一定的历史地发展和特殊形式下按照精神生产的特殊规律进行的。

马克思曾通过对比蜘蛛和织工、蜜蜂和建筑师的活动，十分精辟

[①] 《马克思恩格斯选集》，2版，第2卷，北京：人民出版社，1995，28页。
[②] 《马克思恩格斯选集》，2版，第2卷，北京：人民出版社，1995，25页。
[③] 参见《马克思恩格斯全集》，第26卷（1），北京：人民出版社，296页。

地论述了物质生产和精神生产内在融合的统一性关系,并把精神生产作为物质生产的前提,作为贯穿于物质生产全过程的内在环节。马克思说:蜘蛛的活动与织工的活动相似,蜜蜂建筑蜂房的本领使人间许多建筑师感到惭愧。但是最蹩脚的建筑师从一开始就比最灵巧的蜜蜂高明的地方,是他在用蜂蜡建筑蜂房以前,已经在自己的头脑中把它建成了。劳动过程结束时得到的结果,在这个过程开始时就已经在劳动者的表象中存在着,即已经观念地存在着。他不仅使自然物发生形式变化,同时他还在自然物中实现自己的目的,这个目的是他所知道的,是作为规律决定着他的活动的方式和方法的,他必须使他的意志服从这个目的。但是这种服从不是孤立的行为。除了从事劳动的那些器官紧张之外,在整个劳动时间内还需要有作为注意力表现出来的有目的的意志。①

马克思说:生产生活本来就是类生活。这是产生生命的生活。一个种的全部特性、种的类特性就在于生命生活的性质,而人的类特性恰恰就是自由的自觉的活动。②动物只是按照它所属的那个种的尺度和需要来建造,而人却懂得按照任何种的尺度来进行生产,并且懂得怎样处处都把内在的尺度运用到对象上去;因此,人也按照美的规律来建造。③这不只是对美学意义的理解,而更多地包含对理想的人性、理想的人的生活方式的理解。

生产者的目的、在生产者的观念中先已建构出来的关于生产结果的表象、关于生产过程的规划,以及始终决定和控制着生产过程的注意力和意志、方式和方法等等都是在精神生产过程中所获得的观念性产品。这样,在人的所有物质生产活动之中,就必然同时相伴着精神生产的活动,并且,精神生产始终为物质生产活动提供目的性、计划性

---

① 马克思:《资本论》,第1卷,北京:人民出版社,1975,202页。
② 《马克思恩格斯全集》,第42卷,北京:人民出版社,1979,92页。
③ 《马克思恩格斯全集》,第42卷,北京:人民出版社,1979,96—97页。

前提，以及操作指引、过程监控、结果评价和检验等实质性生产活动的内容和环节。

不仅物质生产活动中交织和贯通精神生产的活动，而且精神生产活动中也交织和贯通物质生产的活动；不仅物质生产活动以精神生产活动为基础、前提和条件，而且精神生产活动也以物质生产活动为基础、前提和条件。人类精神的产物可以处于两种不同的状态：第一种是主观呈现或储存的状态，它具体存在于从事精神活动的人脑之中；第二种是客观储存的状态，它具体存在于认识主体之外的客体结构的相应编码结构之中。问题的要害在于，从精神产物的第一种状态过渡到第二种状态不是一个自然发生的过程，它必须借助于人类物质生产活动的中介，并作为物质生产活动的某种结果（产品）而具体呈现出来。一个最简单的知识输出活动，也必须依赖于书写、绘制、语声等相应的活动，并借助于笔墨、人体器官的中介，并在纸张、图版、空气的波形等物质基质的相应编码结构中实现。当代的科学认识活动已经进化为借助于庞大的中介工具和设施来实现复杂工程性生产活动，例如，人类借助于射电望远镜、卫星、宇宙飞船对宏观世界的探索；借助于高速粒子加速器对微观世界的探索；借助于各种复杂的仪表、仪器对相应层次认识对象的定性定量分析。正在发展中的智能性电脑则更是着眼于替代人脑的部分认识加工和储存活动，并试图将人的思维过程和思维结果的储存过程作为某种客观工程性生产活动来实现。如果考虑到现代文化中知识的创造、储存和传播方式的日趋复杂化的情形，这不仅是指电脑排制、大型机械印刷、光盘刻制、数码拍录，而且还指电视、网络传播、虚拟现实系统的营造，另外还指作为精神产品的载体的日趋精美的艺术化设计与造型，等等，这一切都表明"精神产品"同样是物质生产活动的产物。

在特定经济与社会发展的水平之上，在相应的生产和生产力发展的过程之中所创造出来的物质产品、精神产品，所创造出来的生产关系、上层建筑又会成为后续生产和生产力发展的前提和基础，并与现实发展的生产和生产力过程构成相互作用的矛盾性关系。这是一种在历史演化和生成过程中前后相继的不断生成、转化和多层级反馈环链相互作用的过程。马克思和恩格斯说：个人的真正的精神财富完全取决于它的现实关系的财富……只有这样，单个人才能摆脱种种民族局限和地域局限而同整个世界的生产（也同精神的生产）发生实际联系，才能获得利用全球的这种全面的生产（人们的创造）的能力。①

马克思、恩格斯说：思想、观念、意识的生产最初是直接与人们的物质活动、与人们的物质交往、与现实生活的语言交织在一起的。人们的想象、思维、精神交往在这里还是人们物质行动的直接产物。表现在某一民族的政治、法律、道德、宗教、形而上学等的语言中的精神生产也是这样。②

（二）交往形式的生产即是社会、国家、制度的生产

马克思在提出"交往形式本身的生产"③的同时又强调指出交往形式的生产即是社会、国家、制度的生产，因为"市民社会"是过去一切历史阶段上受生产力制约同时又制约生产力的交往形式④，国家不外是资产者为了在国内外相互保障各自的财产和利益所必然要采取的一种组织形式⑤，而社会组织则是"直接从生产和交往中发展起来的"⑥。就交往乃是人与人之间的关系，制度乃是这种关系的习惯的、政治的、法的形式而言，任何社会的制度形式都可以看成交往形式生产的产物。

根据马克思和恩格斯的论述，人们的交往关系并不仅仅是什么外在于生产活动的形式，而其本身同时就是生产活动的内容。在与其他形

---

① 《马克思恩格斯选集》，2 版，第 1 卷，北京：人民出版社，1995，89 页。
② 《马克思恩格斯选集》，2 版，第 1 卷，北京：人民出版社，1995，72 页。
③ 《马克思恩格斯选集》，2 版，第 1 卷，北京：人民出版社，1995，123 页。
④ 《马克思恩格斯选集》，2 版，第 1 卷，北京：人民出版社，1995，87—88 页。
⑤ 《马克思恩格斯选集》，2 版，第 1 卷，北京：人民出版社，1995，132 页。
⑥ 《马克思恩格斯选集》，2 版，第 4 卷，北京：人民出版社，1995，506 页。

式的生产活动普遍交织、贯通和融合的现实运作过程中，人的交往关系既是人的生产活动的前提和基础，又是人的生产活动的内容、过程和产物。与交往关系的生产相伴，人们通过物质生产、精神生产、人本身生产和交往关系的生产的内在统一融合的"全面生产"的发展，不仅生产出物质产品、精神产品、个人与他人的生命与生活的产品，而且同时生产出人与人的关系，进而生产出整个市民社会、经济的、政治的、国家的关系、结构和体制，以及创造性地生产出人类赖以生存和发展的全部属人的"整个世界"。

马克思和恩格斯还有如下论述：各民族之间的相互关系取决于每一个民族的生产力、分工和内部交往的发展程度……不仅一个民族与其他民族的关系，而且这个民族本身的整个内部结构也取决于自己的生产以及自己内部和外部的交往的发展程度。以一定的方式进行生产活动的一定的个人，发生一定的社会关系和政治关系……社会结构和国家总是从一定个人的生活过程中产生的。共产主义所造成的存在状况……只不过是各个人之间迄今为止的交往的产物。

随着劳动生产力的发展，只有到了家庭及私有制出现以后，并且以阶级对立为基础的国家形成以后，血缘关系才真正让位于社会关系，人的种的生物属性才让位于社会属性，社会文化制度及种种意识观念才真正摆脱了血缘关系的支配。

统治阶级力图在思想领域占据统治地位。每一个企图取代旧统治阶级的新阶级，为了达到自己的目的不得不把自己的利益说成是社会全体成员的共同利益，就是说，这在观念上的表达就是：赋予自己的思想以普遍性的形式，把它们描绘成唯一合乎理性的、有普遍意义的思想。①

（三）观念文化具有相对独立性

恩格斯在致梅林的信中说：历史思想家（历史在这里只是政治的、

---

① 《马克思恩格斯选集》，第1卷，北京：人民出版社，1995，506页。

法律的、哲学的、神学的——总之，一切属于社会而不仅仅属于自然界的领域的集合名词）在每一科学部门中都有一定的材料，这些材料是从以前的各代人的思维中独立形成的，并且在这些世代相继的人们的头脑中经过了自己的独立的发展道路。当然，属于这个或那个领域的外部事实作为并发的原因也能给这种发展以影响，但是这种事实又被默默地认为只是思维过程的果实，于是我们便始终停留在纯粹思维的范围之中，这种思维仿佛能顺利地消化甚至最顽强的事实。①

恩格斯在致康·施米特的信中说：每一个时代的哲学作为分工的一个特定的领域，都具有由它的先驱者传给它而它便由此出发的特定的思想资料作为前提。因此，经济上落后的国家在哲学上仍然能够演奏第一提琴。②

这说明，思想、观念、文化具有相对的独立性，并不简单地从属于物质、经济条件的发展。

五、文化进步与人类学的研究

文化立足于人类自身的创造物之上，文化的民族性和多样性成熟和发展起来，它在世界交往普遍发展的基础上，产生着文化发展与社会经济、政治发展的差异性。

人类文化进步的特征，是全面发展的人的个性的形成。

（一）两类文化：自然史与人类史

马克思和恩格斯说：我们仅仅知道唯一的一门科学，即历史科学。历史可以从两方面来考察，可以把它划分为自然史和人类史。但这两方面是不可分割的；只要有人存在，自然史和人类史就彼此相互制约。③他

---

① 《马克思恩格斯选集》，第4卷，北京：人民出版社，1995，726-727页。
② 《马克思恩格斯选集》，2版，第4卷，北京：人民出版社，703-704页。
③ 《马克思恩格斯选集》，2版，第2卷，北京：人民出版社，1995，66页注。

们把历史科学划分为自然史和人类史两个相互联系、相互制约的方面。

"自然史,即所谓自然科学"①,是人类在认识、改造、适应和控制自然界的过程中所取得的成果,表现为自然科学、技术、知识等智能文化以及由此创造出来的工具、建筑物、器皿、机械等物质文化。它是人类生存的基础,为人类生活提供了基本的物质条件。

人类史,即人文社会科学,是人类在创造物质文化和智能文化的过程中,认识、改造、适应和控制社会环境所取得的成果,表现为社会组织、制度、政治和法律形式以及风俗、习惯、伦理、道德、语言、教育等规范文化和宗教、信仰、审美意识、文学、艺术等精神文化。它是人类生存的样式和自我完善的方式。马克明确提出:宗教、家庭、国家、法、道德、科学、艺术等等都不过是生产的一些特殊的方式,并且受生产的普遍规律支配。

这里所谓历史科学,也可以看作马克思主义的文化科学,包括两类文化的交互作用、相互影响、相互促进的全部历史过程,就构成了人类的文化史;同时,对这两类文化的研究,就构成了自然科学和人文社会科学的内容。

马克思对世界进行类的区分,一个是自然界,一个是人,还有一个没有统一表述的类,就是人的创造物,如"人化的自然""人类学的自然界""世界历史""人的本质的对象化""人所采取物化形式的本质力量",等等。这些实际上都属于文化的范畴,是作为与文化同等程度的概念而存在的。

马克思说:整个所谓世界历史不外是人通过人的劳动而诞生的过程,是自然界对人说来的生成过程,历史本身是自然史的即自然界成为人这一过程的一个现实部分。②

---

① 《马克思恩格斯选集》,2版,第2卷,北京:人民出版社,1995,66页注。
② 《马克思恩格斯全集》,第42卷,北京:人民出版社,1979,131、128页。

在人类历史中，即在人类社会的产生过程中形成的自然界是人的现实的自然界；因此，通过工业——尽管以异化的形式——形成的自然界，是真正的、人类学的自然界。①

他还说：通过私有财产及其富有和贫困——物质的和精神的富有和贫困——的运动，正在产生的社会发现这种形成所需的全部材料；同样，已经产生的社会，创造着具有人的本质的这种全部丰富性的人，创造着具有丰富的、全面而深刻的感觉的人作为这个社会的恒久的现实。②

马克思认为，克服对象化关系中的异化现象，只有通过共产主义的实际实现才能完成。要消灭私有财产的思想，有共产主义思想就完全够了。而要消灭现实的私有财产，则必须有现实的共产主义行动。历史将会带来这种共产主义行动，而我们在思想中已经认识到的那个正在进行自我扬弃的运动，实际上将经历一个极其艰难而漫长的过程。③

共产主义是私有财产即人的自我异化的积极的扬弃，因而是通过人并且为了人而对人的本质的真正占有；因此，他是人向自身、向社会的（即人的）人的复归，这种复归是完全的、自觉的而且保存了以往发展的全部财富的。这种共产主义，作为完成了的自然主义，等于人道主义，而作为完成了的人道主义，等于自然主义，它是人和自然界之间、人和人之间的矛盾的真正解决，是存在和本质、对象化和自我确证、自由和必然、个体和类之间的斗争的真正解决。它是历史之谜的解答，而且知道自己就是这种解答。④

（二）民族社会和文化、历史研究

马克思对有关民族社会和文化的研究，涉及从原始社会到他们所处

---

① 《马克思恩格斯全集》，第42卷，北京：人民出版社，1979，328页。
② 《马克思恩格斯全集》，第42卷，北京：人民出版社，1979，126页。
③ 《马克思恩格斯全集》，第42卷，北京：人民出版社，1979，140页。
④ 《马克思恩格斯全集》，第42卷，北京：人民出版社，1979，120页。

的资本主义社会、从原始民族到文明民族的整个社会和文化。

马克思不仅研究了人类社会的普遍规律，而且研究了不同地区、不同民族社会发展的特殊规律，特别是对非欧洲国家的社会和文化发展所进行的研究，显示出一种新的历史哲学和文化人类学的观点。

马克思在《中国革命和欧洲革命》《俄国的对华贸易》《波斯与中国》《鸦片贸易史》《不列颠在印度的统治》《不列颠在印度统治的未来结果》等著作中，对中国和印度给予了很多关注；恩格斯在《论日耳曼人的古代历史》《爱尔兰史》《英格兰和爱尔兰历史手稿》等著作中，对欧洲日耳曼民族、爱尔兰民族进行了研究；他们在《论波兰》《论波兰问题》等著作中，对波兰民族问题做了研究。

马克思认为，中国是一个由官僚体系和宗法制度为支柱的社会，这种官僚体系和宗法制度过去能够维持而在现代世界竞争中发生悲剧，一个重要原因是不顾时势，安于现状，人为地隔绝于世并因此竭力以天朝尽善尽美的幻想自欺①。马克思认为，中国所进行的保存民族的战争是人民战争，对这种战争不应当根据公认的正规作战方法或者任何别的抽象标准来衡量，而应当根据这个起义民族所达到的文明程度来衡量。②

马克思在晚年把很大精力转向了人类学的研究，详细摘录了四位人类学家的著作（包括马·柯瓦列夫斯基的《公社土地占有制，其解体的原因、进程和结果》；摩尔根的《古代社会》；亨利·萨姆纳·梅恩的《古代法制史讲演录》；约·卢伯克的《文明的起源和人类的原始状态》）等。他着重研究了公社土地占有制到私有制发展的经济、文化、法制、家庭和国家产生的经济背景下各民族的独特发展道路。马克思通过大量的历史学、民族学、人类学研究成果的探讨，认为不应以西方社会

---

① 《马克思恩格斯选集》，2版，第1卷，北京：人民出版社，1995，716页。
② 《马克思恩格斯选集》，2版，第2卷，北京：人民出版社，1995，20页。

和西方文化的发展道路作为唯一标准去认识世界和其他类型的社会和文化发展。马克思阅读了大量的著作,准备了资料,并加了自己的批语和意见,但没有来得及进一步阐明其意义。

马克思对摩尔根的《古代社会》做了如此:现在,财富的增长是如此巨大,它的形式是这样繁多,以致这种财富对人民说来已经变成一种无法控制的力量。"人类的智慧在自己的创造物面前感到迷惘而不知所措了。然而,总有一天,人类的理智一定会强健到能够支配财富……单纯追求财富不是人类最终的命运。自从文明时代开始以来所经过的时间,只是人类已经经历过的生存时间的一小部分……凡是人类要经历的生存时间的一小部分。社会的瓦解,即将成为以财富为唯一的最终目的的那个历程的终结,因为这一历程早包含着自我消灭的因素……这(即更高级的社会制度)将是古代氏族的自由、平等和博爱的复活,但却是在更高级形式上的复活"。人类出于同源,因此具有同一的智力资本,同一的躯体形式,所以,人类经验的成果在相同文化阶段上的一切时代和地区中都是基本相同的。①

这可以看作摩尔根对未来社会的展望,也是马克思对未来的共产主义文明形态的看法。

马克思在一生的最后几年对俄国的村社制度进行了深入研究,在写给俄国《祖国纪事》编辑部的信中说,他不希望把他的思想变成一般发展道路的历史哲学理论,一切民族,不管他们所处的历史环境如何,都注定要走这条道路②。他坚持认为各民族社会、文化发展是多样性的统一,要根据具体的情况进行分析。

恩格斯在《家庭、私有制和国家的起源》中,用唯物史观阐明了摩尔根等文化人类学家著作的意义。他说:摩尔根在他自己的研究领域内

---

① 《马克思恩格斯全集》,第45卷,北京:人民出版社,1972,397-398页。
② 马克思给俄国《祖国纪事》编辑部的信,在他逝世后由恩格斯抄写寄出。参见《马克思恩格斯全集》,第19卷,北京:人民出版社,1972,130页。

独立地重新发现了马克思的唯物主义历史观,并且最后还对现代社会提出了直接共产主义要求。①

恩格斯晚年在关于唯物史观的通信中,探讨了有关文化的问题。

恩格斯在致康·施米特的信中提出:必须重新研究全部历史,必须详细研究各种社会形态存在的条件,然后设法从这些条件中找出相应的政治、私法、美学、哲学、宗教等等的观点。在这方面,到现在为止只做出了很少的一点成绩,因为只有很少的人认真地这样做过。②很少有人下一番功夫去钻研经济学、经济学史、商业史、工业史、农业史和社会形态发展史。而只有真正搞清楚历史,做出现实的、科学的决策,才有利于经济和社会的发展。

恩格斯在致梅林的信中说:我们大家首先是把重点放在从基本经济事实中引出政治的、法的和其他意识形态的观念以及由这些观念为中介的行动,而且必须这样做。但是我们这样做的时候为了内容而忽略了形式方面,即这些观念等等是由什么样的方式和方法产生的。这就给了敌人以称心的理由来进行曲解或歪曲。③恩格斯做了反省,为了驳倒唯心史观,他们不得不在较长时间内,把论证的重点放在社会存在决定社会意识、经济基础决定上层建筑方面,而没有充分展开论述整体性的系统内部的复杂关系。以前过于强调经济加决定以下方面,而事实上,经济、政治、文化诸因素是相互作用的。

恩格斯在致符·博尔吉乌斯的信中说,政治、法、哲学、宗教、文学、艺术等等的发展是以经济发展为基础的。但是,它们又都互相作用并对经济基础发生作用。并非只有经济状况才是原因,才是积极的,其余一切都不过是消极的结果。这是在归根结底总是得到实现的经济

---

① 《马克思恩格斯全集》,第36卷,北京:人民出版社,1972,113页。
② 《马克思恩格斯选集》,2版,第4卷,北京:人民出版社,1972,692页。
③ 《马克思恩格斯选集》,2版,第4卷,北京:人民出版社,1972,726页。

必然性的基础上的互相作用。①

恩格斯用曲线来说明历史发展与人的意志、思想的复杂关系：人们自己创造着自己的历史，但是到现在为止，他们并不是按照共同的意志，根据一个共同的计划，甚至不是在某个特定的局限的社会内来创造这个历史。他们的意向是相互交错着的，因此在所有这样的社会里，都是那种以偶然性为其补充和表现形式的必然性占统治地位。历史上所有其他的偶然性和表面的偶然性都是如此。我们所研究的领域愈是远离经济领域，愈是接近于纯粹抽象的思想领域，我们在它的发展中所看到的偶然性就愈多，它的曲线就愈是曲折。②

上层建筑及观念文化与经济基础的距离不一样，相互作用程度也不一样。

威廉斯认为：既然马克思主义强调社会现实的所有因素彼此依存，既然在分析中强调运动及其变化，马克思主义者应当合乎逻辑地在"整个生活方式"——一种总体的社会过程——的意义上，使用"文化"概念。③

（三）世界文化

在马克思主义经典作家看来，只有当交往成为世界交往并且以大工业为基础的时候，只有当一切民族都卷入竞争斗争的时候，保持已创造出来的生产力才有了保障④，世界文化才会出现。

马克思在《德意志意识形态》中指出：各个相互影响的活动范围在这个发展进程中越是扩大，各民族的原始封闭状态由于日益完善的生产方式、交往以及因交往而自然形成的不同民族之间的分工消灭得越是彻底，历史也就越是成为世界历史……历史向世界历史的转变，不是"自我意识"、宇宙精神或者某个形而上学怪影的某种纯粹的抽象行

---

① 《马克思恩格斯选集》，2版，第4卷，北京：人民出版社，1972，732页。
② 《马克思恩格斯选集》，2版，第4卷，北京：人民出版社，1972，732-733页。
③ 雷蒙德·威廉斯：《文化与社会》，北京：北京大学出版社，1991，359页。
④ 《马克思恩格斯选集》，2版，第1卷，北京：人民出版社，1995，108页。

动，而是完全物质的、可以通过经验证明的行动，每一个过着实际生活的、需要吃、喝、穿的个人都可以证明这种行动。① 所谓"世界历史"，是指国家间的界限被逐渐打破，世界正在成为一个整体。

马克思、恩格斯认为：资产阶级，由于开拓了世界市场，使一切国家的生产和消费都成为世界性的⋯⋯过去那种地方的和民族的自给自足和闭关自守状态，被各民族的各方面的互相往来和各方面的互相依赖所代替了。物质的生产是如此，精神的生产也是如此。各民族的精神产品成了公共的财产。民族的片面性和局限性日益成为不可能，于是由许多种民族的和地方的文学形成了一种世界的文学。② 这句话中的"文学"（literatur）一词，指科学、艺术、哲学、政治等方面的著作，亦可看作精神文化产品。所谓"世界文学"，也就是指世界的科学、艺术、哲学等精神文化产品。

马克思、恩格斯勾勒了这种"世界文化"的基本面貌：资产阶级使农村屈服于城市的统治。它创立了巨大的城市，使城市人口比农村人口大大增加起来，因而使很大一部分居民脱离了农村生活的愚昧状态。正像它使农村从属于城市一样，它使未开化和半开化的国家从属于文明的国家，使农民的民族从属于资产阶级的民族，使东方从属于西方。③ 工业发达的国家较不发达的国家所显示的，只是后者未来的景象。④

在全球化时代，在人们的日常生活中，不论是物质的东西，还是精神的东西，都突破了过去那种孤立的、局部的、狭小的范围，越来越具有全球性。它不仅表现了世界市场的力量的支配，也表现了个人文化的尺度与世界文化尺度的一致性。

文化是人类的创造物，就文化本身的价值来说，它是人类社会的共

---

① 《马克思恩格斯选集》，2版，第1卷，北京：人民出版社，1995，88-89页。
② 《马克思恩格斯选集》，2版，第1卷，北京：人民出版社，1995，275-276页。
③ 《马克思恩格斯选集》，2版，第1卷，北京：人民出版社，1995，276-277页。
④ 《马克思恩格斯全集》，第23卷，北京：人民出版社，1972，8页。

同财富，对于个人和社会都有一种世界的、普遍的支配作用，具有一种普遍的社会联系。当文化的共同本质在普遍的社会联系中被人们认识的时候，即当它作为一种世界文化出现的时候，正是原来本质属性的复归，扩大为整个人类社会的普遍属性。

马克思主义认为，文化是人类认识世界和改造世界的产物，需要从人与自然的关系中研究文化的起源；文化的产生和发展是建立在一定的社会经济基础上的，文化的发展特别是精神文化的发展与经济发展不平衡，要受经济基础制约；但文化又积极地反作用于社会经济，特别是通过不同的途径和方式影响人们的思想和行为，促进或阻碍社会经济的发展。这是马克思主义关于文化的基本观点。

第四章　中国学者对文化的研究

中国的人文学者特别是历史学、文学、语言学、哲学、社会学、人类学、传播学等学科的学者都对文化研究情有独钟，贡献良多。本章主要分析20世纪中国做出了奠基性贡献的人文大师对文化的研究成果，涉及文化观、文化史、中西方文化比较、文化展望等。[①]（以梁启超、王国维、胡适、陈寅恪、金岳霖、冯友兰为代表。）

一、文化观

对文化的审视，学者们观点各有不同。

（一）梁启超的研究

梁启超认为：文化者，人类心能所开积出来之有价值的共业也。[②] 所谓"共业"，与"别业"相对，意为相互渗透、相互传播。文化就是人类自由心灵的积极而能动的客观反映。他说：文化是包含人类物质、精神两面的业种业果而言。物质的文化指人类生存和发展的基本的客

---

　① 详细内容参见拙著《人文大师：奠基性研究与创新方法》，北京：中国科学技术出版社，2012。
　② 梁启超：《饮冰室合集·文集》之三十九。

观条件,如衣食住行及各类工具、机械等;精神文化则指言语、伦理、政治、学术、美感、宗教等;二者合在一起,"便是文化的总量"。"文化是人类思想的结晶。"

梁启超在政治文化、经济文化、法律文化、宗教文化、社会文化、学术文化等方面均有论述,提出了自己的见解。梁启超具有广博而浓厚的学术兴趣,广泛涉猎,包括政治、经济、思想、文学艺术、法学、地理学、社会学、哲学、伦理学、教育学、史学、图书馆学、文化人类学、宗教学等。20世纪初的中国社会,普遍需要的还不是精深的理论和玄奥的学术著作,而是有一定新意和见解的雅俗共赏的作品。梁启超的崛起适应了这种社会需求。他思想敏锐,能够捕捉新的思想火花,求新,善变,富有激情,惯于介绍新的文化知识,而成为当时许多学子崇拜的文化偶像。

梁启超一生倾心于学术,其学术文化研究多与政治向往相联系。梁启超政治文化的理论指导是西方的进化论和天赋人权论,实际研究对象是现实的中国问题。他的国家学说是自由为体、智慧为用,他认为国家是公有的、公理的、共和的,其在理论上是积极的,但在实际中是消极的。

梁启超努力介绍西方的经济学理论(他称之为生计学),阐述经济学理论的产生、历史演变、重要的经济思潮、新的经济学说等,并深入浅出地予以表达,提出了一系列经济改革设想,如鼓励竞争、合理利用外资、建立银行制度、进行财政改革等,形成其经济文化构想。

梁启超从中西法律比较的角度,以新意识审视中国历代的法律制度和法律思想,评判其得失,呼吁创造以法治为核心的中国法律文化。他主张法治,反对人治。他认为法治主义的四个劲敌是放任主义,儒家的人治主义、礼治主义、势治主义。他以历史来表达现实,用现实去追溯历史,在现实和历史的沟通中来表述自己的法律观。

梁启超十分重视宗教的力量,认为无宗教思想则无统一、无希望、无解脱、无忌惮、无魄力，主张"信教自由"，试图从宗教那里寻求力量，寻找实现其政治目标的理论和方法。他提出孔学并非孔教，反对立孔教为国教，而对佛教有所偏爱，从积极的、合理的角度去解释、宣传和提倡佛教。

梁启超的社会文化理论以改造国民性、提高全民族的文化素质、培养新国民为中心内容。他认为国民性决定着一个民族的前途和国家的面貌，国民品格决定国家的大政方针。他提出改造国民性的问题，通过教育、法律、制度、科技、文化等方式，使优点发扬光大，存在的缺点不断得到克服，努力增补所缺少的品质，吸收世界一切民族的长处，变旧民为新民。梁启超以人的改造为核心，提出有见解、成系统的社会文化主张，具有开创意义。

梁启超很重视"文物的专史"，分为政治、经济、文化三部分。他认为"社会骨干"的政治应研究社会的组织、国家的形成，把军政、民政、法政、外交都包括在内；"社会血脉"的经济应研究人类的物质生活，搞清每个时代的衣、食、住、行。"社会神经"的文化应研究语言、文字、宗教、美术、文学、科学、史学、哲学等。在他所著《中国文化史目录》中，涉及朝代、种族、政治、法律、教育、交通、国际关系、饮食、服饰、宅居、考工、农事等。

（二）胡适的研究

胡适对文化与文明的基本见解是：第一，文明（civilization）是一个民族应付他的环境的总成绩。第二，文化（culture）是一种文明所形成的生活方式。第三，凡一种文明的造成，必有两个因子：一是物质的（material），包括种种自然界的势力与质料，一是精神的（spiritual），包括一个民族的聪明才智，感情和理想。凡文明都是人的心思智力运用自然界的质与力的作品；没有一种文明单是精神的，也没有一种文明单是物质的。[①] 他还指

---

① 《胡适文存》，三集卷一，4页。

出：精神的文明必须建筑在物质的基础之上。提高人类物质上的享受，增加人类物质上的便利与安逸，这都是朝着解放人类的能力的方向走。使人们不至于把精力心思全抛在仅仅生存之上，使他们可以有余力去满足他们的精神上的要求。① 充分运用人的聪明智慧来寻求真理以解放人的心灵，来制服天行以供人用，来改造物质的环境，来改革社会政治的制度，来谋人类最大的幸福——这样的文明是精神的文明，是真正理想主义的文明。②

胡适说：大凡一种学说，绝不是劈空从天上掉下来的，其原因有：第一是那时代政治社会的状态。第二是那时代的思想潮流。要讲哲学史，不可不先研究哲学发生时代的时势和那时势所发生的种种思潮。③ 他又说，影响哲学家思想的原因有三种：（甲）个人才性不同。（乙）所处的时势不同。（丙）所受的思想学术不同。④ 他明确指明了时代所提供的机遇：我们中国到了这个古学昌明的时代，不但有古书可读，又恰当西洋学术思想输入的时代，有西洋的新旧学说可供我们参考研究。我们今日的学术思想，有这两个大源头：一方面是汉学家传给我们的古书，一方面是西洋的新旧学说。这两大潮流汇合以后，中国若不能产生一种中国的新哲学，那就真是辜负了这个好机会了。⑤

胡适认为，欲收革命之成功，必有赖于思想之变化。他大力主张"破旧立新"，再造文明。推倒儒学正统，恢复思想活力，这是接受新思想、创造新文化的必要前提。胡适是中国现代学术范式的确立者，开辟了现代学术和现代思想文化发展的通道，其奠基之功不可磨灭。

新文化运动被称为中国的"文艺复兴运动"，一方面创造性提出一套新的文化价值观念，建构新的许可框架；另一方面通过新的学术成

---

① 《胡适文存》，三集卷一，6页。
② 胡适：《我们对于西洋近代文明的态度》，载《现代评论》，第4卷83期，1926年7月。
③ 胡适：《中国哲学史大纲》，上海：上海古籍出版社，1997，35页。
④ 胡适：《中国哲学史大纲》，上海：上海古籍出版社，1997，4页。
⑤ 胡适：《中国哲学史大纲·导言》，上海：上海古籍出版社，1997，7页。

果、新的人格精神，提供了新的研究方法、工作典范和道德楷模，而影响深远。可以说，那些最有影响力的新思想、新观念，都与承认个人的价值、提倡个性解放、强调人的人格和智力的自由发展密切相关。

（三）其他学者的研究

陈寅恪在20世纪20年代倡导，为人治学当有"自由之思想，独立之精神"。他一生坚持学术自由的思想："士之读书治学，盖将以脱心志于俗谛之桎梏，真理因得以发扬。思想而不自由，毋宁死耳。"

李济说：在现代人文科学里"文化"一词有它的固定的界说：这一词的含义包括着人类生活中的一切活动——物质的创造，社会的组织，政治的演变，精神的发展——等等；其中最紧要的一点为：各民族及其代表人物的最主观的观念，也可以当作客观的资料研究。① 他认为：推进文化最大的动力，自然还是在人的方面。文化与文化接触，是人与人接触其他的一面；文化因接触而发生新的形态，代表人群因接触而得的新能力及新习惯；新能力和新习惯养成后，又成为自身创造的源泉。②

金岳霖的哲学思想，无论是本体论还是知识论，都深深浸透着中国文化的传统，一直深入到其哲学思想的深层，主要表现为道家思想、程朱理学和《周易》的影响。金岳霖指出，在中国哲学家那里，知识和美德是不可分的，把治学和修身融为一体。

金岳霖说：每一文化区有它的中坚思想，每一中坚思想有它最崇高的概念，最基本的原动力。③ 他所使用的中国的传统概念，包含了中西方思想资源的融合。他力图将中国固有文化及其哲学西方化，即"旧瓶装新酒"。金岳霖善于独立思考，具有学术原创力。他认为，人类知识总量的增加就表现为不断地提出新的意念。他说：人的创造能力是不

---

① 李济:《李济学术文化随笔》，北京：中国青年出版社，2000，226页。
② 李济:《李济学术文化随笔》，北京：中国青年出版社，2000，44页。
③ 金岳霖:《论道》，北京：商务印书馆，1987，16页。

应低估的,因为归根结底,这种创造能力是文明向前发展的动力。① 他所提出的观念和对一些哲学问题的解决办法,表明了他在哲学上的探索和创新精神。

金岳霖认为,从人类文化发展的观点看,教育的价值在于使人类优秀的文化得以保存、延续和发展,推动社会走向更高的文明。他强调,大学教育应该处理好基础科学和应用科学的关系、人文科学与理工科学的关系。

冯友兰对文化的研究大致经历了三个阶段,如他所说:"在第一阶段,我用地理区域来解释文化差别,就是说,文化差别是东方、西方的差别。在第二阶段,我用历史时代来解释文化差别,就是说,文化差别是古代、近代的差别。在第三阶段,我用社会发展来解释文化差别,就是说,文化差别是社会类型的差别。"②

冯友兰认为,思考文化问题,首先应当"知类",注意运用"知类"的方法。他说:"讲个体底文化是历史,讲文化之类是科学。"③ "各类文化本是公共底。任何国家或民族俱可有之,而仍不失其为某国家或某民族。"④ 他强调在思考文化问题时,应该注意文化的同一,注意文化的类型,而不宜专注于不同民族文化之间的差异,更不宜把不同民族文化的差异固定起来,使之绝对化。

冯友兰认为,文化是具体性与总体性的统一,就是"总合体"。中国文化,就是中国之历史、艺术、哲学……之总合体。⑤ 作为"总合体"的文化是人们创造性活动的结果,他强调文化是活的东西,是正在制造中的东西。他相信文化不能中断,新文化只能在旧文化的基础上建

---

① 《金岳霖学术论文选》,北京:中国社会科学出版社,1990,78页。
② 冯友兰:《三松堂全集》,第1卷,郑州:河南人民出版社,1985,338页。
③ 冯友兰:《三松堂全集》,第4卷,郑州:河南人民出版社,1985,199页。
④ 冯友兰:《三松堂全集》,第4卷,郑州:河南人民出版社,1985,207页。
⑤ 冯友兰:《三松堂全集》,第14卷,郑州:河南人民出版社,1985,232页。

立，不能凭空构建。正是由于对思维方法变革的自觉，冯友兰关于文化、人生问题的思考层次高于其他学者。

冯友兰认为，思想不能凭空产生，实际的某种思想，是某种"势"的反映。凡一种社会内之人，有所谓新思想之时，即某种社会已到了或将到了穷之时，于此时必已有另一种新势，以成另一种社会。冯友兰说：哲学，就是对于人生的有系统的反思的思想。① 反思的思想是以人生为对象的，在人生中思想人生的思想，是反思的思想。反思到极致，必须超越逻辑、超越经验。哲学家必须有系统地表达人类精神的反思，又必须使用逻辑分析方法。

思想自由，即反对思想定于一尊，不但反对旧思想的一尊，也反对人为地把某种新思想定于一尊。思想自由是现代文化秩序的基础，也是现代文化多元选择的前提。没有思想自由，就没有文化人的自主性、创造性和超越性，也就谈不上主体性的发挥。自由的思想，就是唤起每个人的自觉，每个人都应当思想，都应当对于所遇见的事物给予自我的评判，都应当摆脱一切教条主义和传统思想的束缚，重新评估一切价值，发现真正属于自己的神圣真理。②

二、文化史

梁启超曾计划写一部中国文化史，为此对有关分支做过大量的研究，同时从理论上加以探讨。他在《中国历史研究法》中论述文化专史及其研究方法，包括：语言史、文字史、神话史、宗教史、学术思想史（又分哲学史、史学史、自然科学史、社会科学史）等。

梁启超在《中国文化史·社会组织篇》中，从最基本的婚姻、姓氏、宗族、家庭研究起，进而研究阶级、等级、都市、乡村、皇权等，

---

① 冯友兰:《中国哲学简史》，北京：北京大学出版社，2012，4页。
② 参见欧阳哲生:《20世纪中国文化》，北京：北京大学出版社，2010，227页。

揭示各种社会群体特定的地位，展示中国文化的社会结构和人伦格局。这种研究突破了传统模式，把文化研究与解剖人群关系有机地结合在一起。它是研究中国文化史的开拓性著作，不少观点至今仍有一定的学术价值。

梁启超很重视"文物的专史"，分为政治、经济、文化三部分。他认为"社会骨干"的政治应研究社会的组织、国家的形成，把军政、民政、法政、外交都包括在内；"社会血脉"的经济应研究人类的物质生活，搞清每个时代的衣、食、住、行。"社会神经"的文化应研究语言、文字、宗教、美术、文学、科学、史学、哲学等。在他所著《中国文化史》中，涉及朝代、种族、政治、法律、教育、交通、国际关系、饮食、服饰、宅居、考工、农事等。

梁启超曾设想编著新的中国通史、世界通史、文化史、政治史、经济史、宗教史、学术史、断代史、地方史、人物传等，但这个宏大的计划未能完成。

王国维具有民族文化本位思想，他对中华文化优秀传统有很深的领悟，在学习西方文化时，时时与中华文化加以对比；但并非抱住"国粹"，泥古不化，而是努力开掘出中国文化中有历史价值和世界意义的资料。

对传统思想的改造与新学术的诞生是一个同步的过程。王国维在结束旧学、开创新学方面功绩卓著。1929年6月3日，在王国维逝世两周年忌日时，清华国学研究院为纪念这位学术大师，募款修建纪念碑。陈寅恪为王国维纪念碑撰写的碑铭意味深长：士之读书治学，盖将以脱心志于俗谛之桎梏，"真理因得以发扬"。思想而不自由，毋宁死耳。斯古今仁圣所同殉之精义，夫岂庸鄙之敢望？！先生以一死见其独立自由之意志，非所论于一人之恩怨，一姓之兴亡……先生之著述，或有时而不章；先生之学说，或有时而可商；"惟此独立之精神，自由之思想"，历千万祀，与天壤而同久，共三光而永光。王国维所追求的"独立之精神，自由之思想"，得到了人们的广泛共鸣。

胡适指出：新文化运动的一件大事业就是思想的解放。我们当日批评孔孟，弹劾程朱，反对孔教，否认上帝，为的是要打倒一尊的门户，解放中国的思想，提倡怀疑的态度和批评的精神而已。①胡适在中国古代哲学研究领域之所以能开辟新风，关键在于在哲学方法上有新的突破。在胡适看来，研究一个哲学家或哲学派别的关键，就在于抓住该哲学家或哲学派别思考问题的方法。胡适在以《中国哲学的线索》为题的讲演中说，哲学的线索有内外两层：外的线索即"时势生思潮"，一个时代的社会政治变迁之后，哲学思想也会发生变迁，以求改良社会、政治上的种种弊端；内的线索则是一种方法——哲学方法。尽管外的线索经常发生变化，但内的线索却"逃不出一定的路径"。环境变迁了，思想一定亦要变迁。无论什么方法，倘不能适应新的要求，便有一种新方法发生，或是调和以前的种种方法，来适应新的要求。找出方法的变迁，则可得思想的线索。思想是承前启后，有一定线索，不是东奔西走、全无纪律的。②

胡适列举了八条中国传统旧文化旧思想与现代生活不相适应之处：（1）现代社会需要积极作为，而正统思想崇拜自然无为；（2）现代社会需要法律、纪律，而旧思想以无治为治，以不守礼法为高尚；（3）现代文化需要用人力征服天行，而旧思想主张服从自然，听天由命；（4）现代社会需要正直的舆论用耳目，而传统思想以不争不辩为最高；（5）现代科学文明全靠一点一滴的搜寻真理，发现知识，而传统思想要人不争不辩，更甚者，要人不识不知，顺帝之则；（6）现代社会需要精益求精地不断努力，而传统思想要人处处知足，随遇苟安；（7）现代社会需要充分运用聪明智慧作自觉的计划设施，而传统思想一切委任自然，

---

① 欧阳哲生编：《胡适文集》，第5卷，北京：北京大学出版社，1998，579页。
② 参见胡适：《中国哲学的线索》，载姜义华主编：《胡适学术文集·中国哲学史》上册，北京：中华书局，1991，522-526页。

不肯用思想，不肯用气力；(8) 现代社会需要具体的知识与条理的思想，而传统思想习惯只能教人梦想，教人背书，教人作鹦鹉式的学舌。①

胡适批评中国传统文化的弱点是：(1) 富于惰性而尚保守；(2) 思想很是平庸而不走极端；(3) 只求实际而不尚玄妙，以故宗教观念及哲学皆不离伦理、物质及人生；(4) 竞争进取之心非常薄弱。胡适大声呼吁：用理智来认清我们的大方向，用理智来教人信仰我们认清的大方向，用全力来战胜一切守旧恋古的情感。②他说：如果对新文化的接受不是有组织的吸收的形式，而是采取突然替换的形式，因而引起旧文化的消亡，这确实是全人类的一个重大损失。因此，真正的问题可以这样说：我们应怎样才能以最有效的方式吸收现代文化，使它能同我们的固有文化相一改、协调和继续发展？③

陈寅恪视学术文化为自己的生命。在他看来，中国文化是一条民族生命之流，必须发扬光大。对文化典籍、历史人物的诠释，不是简单的"文化考古"工作，而是要在历史文化与现实人生之间架起沟通的桥梁，从传统文化中开拓出历史文化资源，对历史文化的理解化成对自己时代文化现实的认识。

陈寅恪对历史、社会采取文化的审视。他把以往人类的创造作为自然和文化的历史进程，对其加以科学的认知，而以超越狭隘功利是非的博大胸怀加以分析，使某一历史事件得到整体的呈现。他主张沟通科学与人本主义并跨越其上。

陈寅恪对民族文化史有深刻认识。他认为中国古人，素擅长政治及实践伦理学，中国家族伦理之道德制度，发达最早。周公之典章制度，

---

① 胡适：《从思想上看中国问题》（未刊手稿），见耿云志编：《胡适遗稿及秘藏书信》，合肥：黄山书社，1994。
② 胡适：《答陈序经先生》，载《独立评论》，160号。
③ 《胡适全集》，第五卷，10页。

实为中国上古文明之精华。①

陈寅恪曾说：以往研究文化史有二失：旧派失之滞。旧派所作中国文化史，其材料采自二十二史中儒林文苑等传及诸志，以及《文献通考》《玉海》等类书。类书乃供科举对策搜集材料之用，作史没有必要全行采入。这类文化史不过抄书而已。其缺点是只有死材料而没有解释，读后不能使人了解人民精神生活与社会制度的关系。新派失之诬。新派是留学生，所谓"以科学方法整理国故"者。新派书有解释，看上去似很有条理，然甚危险。他们以外国社会科学理论解释中国材料。此种理论不过是假设的理论。而其所以成立的原因，是由研究西洋历史、政治、社会的材料，归纳而得的结论。结论如果正确，对于我们的材料，也有实用之处。因为人类活动本有共同之处。所以，"以科学方法整理国故"，是很有可能性的。不过也有时不适用，因为中国的材料有时在其范围之外。所以讲"大概似乎对"，讲到精微处则不准确。②

陈寅恪重视文化政策的作用，在分析西魏宇文泰割据关陇问题时指出：除整军务农、力图富强等充实物质之政策外，必应别有精神独立有自成一系统之文化政策，其作用既能文饰辅助其物质即整军务农政策之进行，更可以维系其关陇辖境以内之胡汉诸族之人心，使其融合成为一家，以关陇地域为本位之坚强团体。③在这里指出了精神、文化具有维系人心、融合民族的作用。

关于儒、佛、道的影响，陈寅恪说：夫政治社会一切公私行动，莫不与法典相关，而法典为儒家学说具体之体现。故二千年来，华夏民族所受儒家学说之影响，最深最巨者，实在制度法律公私生活之方面，

---

① 引自《吴宓日记》，第2册，北京：三联书店，101-102页。
② 卞僧慧：《怀念陈寅恪先生》，引自蒋天枢：《陈寅恪先生传》，载《纪念陈寅恪先生诞辰百年学术论文集》，4页。
③ 陈寅恪：《隋唐制度渊源略论稿》，上海：上海古籍出版社，1980，90页。

而关于学说思想之方面,或转有不如佛道二教者。①

就中国历史发展而言,他仍以儒家思想为体,辅以其他思想,赋予儒家思想时代意义以进行整合。他以客观的态度来看待儒家文化对中国的影响及判断是否能承先启后的作用。他认为:中国儒家虽称格物致知,然其所殚精致意者,实仅人与人之关系。而道家则研究人与物之关系。故吾国之医药学术之发达出于道教之贡献者为多。其中固有怪诞不经之说,而尚能注意于人与物之关系,较之佛教,实为近于常识人情之宗教。②

李济通过考古研究认为:中国在有文字之史前已有文化,为固有文化③。李济指出:全部人类的历史不以地域来限制,在叙述人类发展史时,把文化本身当作全人类的一件事,把创造文化发明新事物视为人类共同努力的结果。文化一分畛域,就可能为外来或本国独创等意念所影响。实际上没有一个区域的文化是完全孤立而独自发展成长的,吸收外来文化并不足为奇。一个民族能吸收外来文化而作进一步的新发展,这是有大希望的民族。相反的抱残守缺,对外来文化采深闭固绝态度者,终将落伍而受淘汰。④我们不必强调某一文化的创造者,而要多注意某一文化某一发明对全人类的贡献。⑤

李济曾经总结说:研究人类全部文化历史的学者,已有了一个共同的感觉,即凡是一种伟大文明的产生,都具有两种基本条件:(1)富有创造性;(2)富有收容性。有创造性,方能以自己的能力适应自然环境的变迁;有收容性——接受它文化的创造而加以利用——方能节省自己的精力而集中于更新的创作与更大进步的工作。⑥

---

① 陈寅恪:《金明馆丛稿二编》,上海:上海古籍出版社,1980,252页。
② 陈寅恪:《金明馆丛稿二编》,上海:上海古籍出版社,1980,32页。
③ 李济:《李济学术文化随笔》,北京:中国青年出版社,2000,61页。
④ 李济:《李济学术文化随笔》,北京:中国青年出版社,2000,149页。
⑤ 李济:《李济学术文化随笔》,北京:中国青年出版社,2000,151页。
⑥ 李济:《李济学术文化随笔》,北京:中国青年出版社,2000,184页。

李济要追溯的是全部人类文化的发展史。他研究中国历史时，可以真正做到不偏不倚、诚实地追寻古史的最可能接近真相的面目，而不受偏见的蔽囿。李济说：中国历史是人类全部历史中最光荣的一面，只有把它放在全体人类历史的背景上看，它的光辉才更显得鲜明。①

三、中西文化比较

20世纪上半叶，中西文化的关系问题一直是中国人文社会科学领域所关注的问题。通过中西文化的比较，吸收西方文化的积极因素，使之融入中国传统学术领域，同时从传统中搜寻一切可以同西方新观念相互融通的东西，这是现代人文大师的突出特点。

中国历史上几次大的学术思想的变迁，都与外来思想的刺激有关。王国维曾说：外界之势力之影响于学术岂不大哉？自周之衰、文王周公势力之瓦解也，国民之智力成熟于内，政治之纷乱乘之于外。上无统一之制度，下迫于社会之要求，于是诸子九流各创其学说，于道德、政治、文学上灿然放万丈之光焰，此为中国思想之能动时代。自汉以后，天下太平，武帝复以孔子之说统一之。其时，新遭秦火，儒家唯以抱残守缺为事，其为诸子之学者，亦但守其师说，无创作之思想，学界稍稍停滞矣。佛教之东，适值吾国思想凋敝之后。当此之时，学者见之，如饥者之得食，渴者之得饮。担簦访道者接武于葱岭之道，翻经译论者云集于南北之都。自六朝至于唐室，而佛陀之教，极千古之盛矣。此为吾国思想受动之时代。然当是时，吾国固有之思想与印度之思想互相并行而不相化合。至宋儒出而一调和之，此又由受动之时代出而稍带能动之性质者也。自宋以后以至本朝，思想之停滞略同于两

---

① 李济：《中国早期文明》，上海：上海人民出版社，2007，76页。

汉。至今日,而第二之佛教又见告矣——西洋之思想是也。"①

王国维用第二次佛教东传来比喻晚清的西学东渐,确是深识通变之论。

在西学东渐的过程中,晚清具有新的人文内涵的思想启蒙运动萌发,早期启蒙者应首推严复,他是第一个系统介绍西方学术思想尤其是带有形而上性质学术思想的人。他曾提出"自由为体,西学为用"②。他着眼于知识阶层,希望通过传播新的学术思想来推动民众的精神觉醒。

1898年6月,由康有为授意、梁启超代拟的《奏清经济岁举归并正科并各省岁科试迅即改试策论折》中,阐述了新学的"中体西用"的主要思维模式:中国人才衰弱之由,皆缘中西两学不能会通之故。故由科举出身者,于西学辄无所闻知。由学堂出身者,于中学亦茫然不解。夫中学体也,西学用也。无体不立,无用不行,二者相需,缺一不可。今世之学者,非偏于此即偏于彼,徒相水火,难成通才。推其缘故,殆颇由取士之法岐而二之也……泯中西之界,化新旧之门户。

康梁的"中体西用"观,是以"会通"中学与西学为目标,这也是他们创建新学的基本模式。虽同为中体西用,康梁之"中体西学"与洋务派的"中体西用"又有所不同。以往洋务派的"中体西用"结构,可以说是体用同源或体用不二结构。在这个框架中,中学不仅作为"体"的内核而存在,它还兼以"用"的功能发挥作用。这样"西用"的价值就并不牢靠,有时"西用"就会被"中体中用"所排斥。如张之洞等人的"中体西用"论,实际上就是中主西辅之意:"中学为主,西学为辅;中学为体,西学为用",也就是强调中学义理与制度都不可变是中体西用的前提和基础,用"西学"是为了补救中学之缺失。康梁等人的"中体西用"观,可以说是在兼取中西的双向选择中形成的体用二元模式,这是两种相互平等的异质的中西文化的会通整合。它的着

---

① 王国维:《论近年之学术界》,载《王国维遗书》,第5册,《静安文集》,93页B至94页A。

② 严复:《原强》,载《严复集》,第1册,北京:中华书局,1986,11页。

眼点在"会通"。维新派的"中体西用论",强调从整体上认识西学,认为不仅要认识西学的自然科学的存在价值,而且还要认识到西学背后的"西体"——哲学、政治、法律制度的价值;改革"中学",提倡西方学术和中方学术的结合,大力倡导学习资本主义文化和学术;主张学习"西体",改革中体,从"西体"入手改革。因此,这种"会通"的中体西用观,是和洋务派中主西辅、中本西末的等级文化观有所区别的。甚至可以说,康有为的中体西用观实质上是提倡西学,他全力提倡按照西方资本主义的教育制度,设西式学堂,教西方科学,培育通晓西方的人才,并一心引导中国走上西方资本主义的君主立宪道路。

中国传统文化与西方近代文化的关系表现为:冲击和反应,引进和拒绝,吸收和融合;经历了"师夷之长技以制夷"与"用夷变夏"之争、"中体西用"与"大兴西学"之争、本位文化与全盘西化之争等。

辛亥革命时期,中国传统文化在西方文化的影响下,在心理层面遭到全面冲击。这一时期,资产阶级民主革命派对西方资产阶级民主思想、政治学说、进化论和天赋人权思想的宣传与传播,都是空前高涨的。这些思想深入到国民心里,深刻地改变人们的价值观和人生观。

五四时期的陈序经、胡适是"全盘西化"的首倡者。他们认为,近代中国的没落证明中国传统文化已不能使中国走向富强的现代化之路,因此,要对其彻底否定、彻底批判、彻底改造,要全面接受西方文化,用西方的文化价值系统换得中国文化的新生。陈序经认为西方文化在方方面面都比中国文化高明,西方的艺术、科学、教育、宗教、道德、哲学、文学,甚至衣、食、住、行及整个生活方式等都比中国进步;西方文化是现代化、世界化的文化,西洋文化是世界文化的趋势,质言之,西洋文化在今日,就是世界文化[①];中国文化可以从西方文化中找到好

---

① 陈序经:《中国文化之出路》,上海:商务印书馆,1934,原载广州《民国日报》1934年1月15日。

处，而西方文化却不能在中国文化找到有益之处。因此，陈序经极力宣称，中国文化的出路，是要去彻底的西化，中国文化的出路，无疑是要从全盘西化着手。①对于陈序经的全盘西化论，胡适是完全赞同的，他多次表明他是主张全盘西化的，并认为全盘西化就是要中国充分世界化。胡适认为，对于全面接受外国文化，要死心塌地，不要怕丧失我们自己的民族文化，因为绝大多数人的惰性已经在维护那旧文化了……无论什么文化，凡可以使我们起死回生，返老还童的，都可以充分采用，都应该充分收受。②与陈序经从理论到实践都全面彻底的西化论不同，胡适也是那种以反传统继承传统的折中主义者。胡适曾说，古人说：取法乎上，仅得其中；取法乎中，风斯下矣。这是最可玩味的真理。我们不妨拼命走极端，文化的惰性自然把我们拖向折中调和上去的。全盘接受了，旧文化的"惰性"自然会使他成为一个折中调和的中国本位新文化。③胡适到后来改用"充分世界化"，但其一生却倾心于研究中国传统文化，这是颇值得玩味的。

在五四运动之后，梁启超对中国人选择西方文化的过程做了总结。他说：五十年来，中国人渐渐知道自己的不足了。这点子觉悟，一面算是学问进步的原因，一面也算是学问进步的结果。第一期，先从器物上感觉不足。这种感觉，从鸦片战争后渐渐发动，到同治年间借了外国兵来平治内乱，于是曾国藩、李鸿章一班人，很觉得外国的船坚炮利，确是我们所不及，对于这方面的事项，觉得有舍己从人的必要，于是福建船政学堂、上海制造局等等渐次设立起来……第二期，是从制度上感觉不足。自从和日本打了一个败仗下来，国内有心人，真像睡梦中着了一个霹雳，因想到，堂堂中国为什么衰败到这田地，都为

---

① 陈序经：《中国文化之出路》，上海：商务印书馆，1934，原载广州《民国日报》1934年1月15日。
② 胡适：《胡适文存》，第四集，合肥：黄山书社，1996，第459-460页。
③ 胡适：《编辑后记》，载《独立评论》第142号。

的是政制不良，所以拿"变法维新"做一面大旗，在社会上开始运动，那急先锋就是康有为、梁启超一班人……第三期，便是从文化根本上感觉不足。第二期所经过时间，比较的很长——从甲午战役到民国六七年间止……革命成功将近十年，所希望的件件都落空，渐渐有点废然思返，觉得社会文化是整套的，要拿旧心理运用新制度，决计不可能，渐渐要求全人格的觉醒。[①]

此"三期"，从器物，到制度，再到文化，是从表层逐步递进到深层的过程。

王国维、胡适、陈寅恪、冯友兰这些人文大师通过在国外留学或考察，视野开阔，接受了西方的思想、文化，而与中国传统文化进行比较，并形成了自己的学术风格。值得注意的是，他们回国后，更注重对中国历史文化的研究，所取得的成就也主要是在中国历史、中国语言文学、中国哲学等方面。这说明，中国学者对涉及中国的研究更有优势，加之吸收了西方科学的方法，从而得心应手，创见迭出，不断开辟新的研究领域。

王国维分析了中国传统文化与西方近代文化在思维方法上的不同，他说：我国人之特质，实际的也，通俗的也。西洋人之特质，思辨的也，科学的也，长于抽象而精于分类，对世界一切有形无形之事物无往而不用综括及分析之二法。吾国人之所长，宁在于实践之方面，而于理论之方面，则以具体的知识为满足，至分类之事，则除迫于实际之需要外，殆不欲穷究之变也。[②]他辩证论述了中西哲学各自的长处和短处，提出要互为补正，运用西方哲学的新原理、新方法来整理中国的哲学，使之焕发生机，放出光焰。他说：异日昌大吾国固有之哲学者，必在深通西洋哲学之人，无疑也。

[①] 梁启超：《五十年中国进化概论》，载《梁启超文选》（下），北京：中国广播电视出版社，1992，553-554页。

[②] 王国维：《论新学语之输入》，载《王国维遗书》，第5册，上海：上海古籍书店，1983，97页。

他认为中西文化各有自己的特点,采取一种中西互补、主动吸收的态度。他按照学术的标准,选择中国文化中的优秀成分,利用西方的理论加以发扬,并加以系统化,和某个学科相联系,使之更具有理论特色。他认为中学与西学的关系,不是形而下的"体""用"关系,而是形而上的"通""治"关系,"通"西以"治"中,"治"中须通"西"。

王国维具有世界学术眼光,他在《奏定经学科大学文学科大学章程书后》中写道:故今日所最亟者,在授世界最进步之学问之大略,使知研究之方法。因为今日之时代,已入研究自由之时代,而非教权专制之时代……异日发明光大我国之学术者,必在兼通世界学术之人,而不在一孔陋儒固可决矣。[①]他认为大学最重要的是"授世界最进步之学问",掌握研究方法。

在传统与现代、西学与中学的冲突交融中,王国维以通人之资成就专家之业。王国维特别强调,中学西学要互相促进,学术发展才有前途。中西学之间有互相联系。各个学科之间,必须从互相联系的角度去看,才能求得真理。

胡适针对守旧势力而说:今日最没有根据而又最有毒害的妖言是讥贬西洋文明为唯物的,而尊崇东方文明为精神的。他在一次演讲中说:西洋的文化,处处现出精神来,所以西洋的文化乃是精神的。这种精神,就是西洋人背后有一个"人生不知足"的观念。中国的文化,处处现不出一点精神来。这真是物质的。这就是因为中国人太"知足"了。这种说法有些极端,是用以说明中西文化的不同。他提出:我们应怎样才能以最有效的方式吸收现代文化,使它能同我们固有文化相一致、协调和继续发展? 他认为,这个大问题的解决,唯有依靠新中国知识界领导人物的远见和历史连续性的意识,依靠他们的机智和技巧,能

---

① 王国维:《奏定经学科大学、文学科大学章程书后》,载《王国维遗书》(第5册),"静安文集续编",上海:上海古籍书店,1983。

够成功地把现代文化的精华与中国自己的文化精华联结起来①,才能改变中国文化的危机局面。他认为:只有充分了解本土文化才能在异域敏感地对待洋人论及自己的本土文化。

胡适在比较东西文化时,提出了一个值得注意的见解,即认为生产的器具在文化中占有特别重要的地位。他说:人是一种制造器具的动物,所以器具就构成了文化。文化之进步就基于器具之进步。并认为:东西文化之区别,就在于所用的器具不同。东方文明是建筑在人力上面的;而西方文明是建筑在机械力上面的。②文化之进步就基于器具之进步,所谓石器时代、铜器时代、钢铁时代、机电时代等,都是说明文化发展之各时期。③这种见解基本上是正确的,看到生产工具作为人类文化的基础,就找到了人类文化同一性的根据。他在《科学发展所需要的社会变革》中说:为了给科学的发展铺路,为了准备接受、欢迎近代的科学和技术的文明,我们东方人也许必须经过某种智识上的变化或革命。

胡适说:我们拿历史的眼光去观察文化,只看见各种民族都在那"生活本来的路"上走,不过环境有难易,问题有缓急,所以走的路有迟速的不同,到的时候有先后的不同。④

胡适在《先秦名学史》导言中指出:"真正的问题"是我们应怎样用最有效的方式吸收现代文化,使它能同我们的固有文化相一致,相协调,并继续发展。惟有依靠新中国知识界领导人物的远见和历史连续性的意识,依靠他们的机智和技巧,能够成功地把现代文化的精华与中国自己的文化精华联结起来。⑤

---

① 《胡适全集》,第五卷,11页。
② 胡适:《东西文化之比较》。
③ 胡适:《东西文化之比较》,载《胡适选集》,"杂文",17页。
④ 《胡适文存》,二集卷二,67页。
⑤ 胡适:《先秦名学史·导言》,上海:学林出版社,1983。

胡适具有开放的文化心态。1935年3月31日，胡适在《大公报》上发表《试评所谓"中国本位文化建设"》一文中说：应该虚心接受这个科学工艺的世界文化和它背后的精神文明，让那个世界文化充分和我们的老文化自由接触，自由切磋、琢磨，借它的朝气来打掉一点我们的老文化的惰性和暮气。将来文化大变动的结晶当然是一个中国本位的文化，那是毫无可疑的。这既表明他在文化上的开放态度，也表明他对民族优秀文化传统的自信心。他说：在文化改革的大事业上，理智是最重要的工具，最重要的动力。①

胡适说：文化本身是保守的。凡一种文化既成为一个民族的文化，自然有它的绝大保守性，对内能抵抗新奇风气的起来，对外能抵抗新奇风气的侵入。这是一切文化所公有的惰性，是不用人力去培养保护的。②文化的保守性根源于某种固有环境与历史之下造成的生活习惯，这些习惯的最大传承者就是那无数无数的人民。那才是文化的"本位"，那个本位是没有毁灭的危险的。③

1923年4月，胡适发表《读梁漱溟先生的〈东西文化及其哲学〉》，认为文化是人类应付环境的产物，人类的文化本质上都具有同一性。他批评了梁漱溟的"文化路向"说，认为世界各民族的文化尽管有差异，但都逃不过发展进步的路向，中国迟早必将走上科学与民治之路。胡适虽然同意梁漱溟关于"文化是民族生活的样法"的观点，但认为民族生活的样法是根本大同小异的。他在反驳梁漱溟以"文化三路向"说为核心的文化哲学的过程中，提出了自己的主张。他认为，各民族文化间没有什么本质的差别，各民族文化走的是一条路，他说：现在全世界大通了，当初鞭策欧洲人的环境和问题现在又来鞭策我们了。将

---

① 胡适：《答陈序经先生》，载《独立评论》，160号，1935-07-21。
② 《胡适论学近著》，554页。
③ 胡适：《试评所谓"中国本位文化建设"》，载《大公报》，1935-03-31。

来中国和印度的科学化和民治化,是无可疑的。①

1935年3月17日,胡适在《独立评论》142期"编辑后记"中声明完全赞成陈序经主张的"全盘西化论",3个月后发表《充分世界化与全盘西化》宣布放弃"全盘西化"的主张,而标举"充分世界化"。胡适说:"充分"在数量上即是"尽量"的意思,在精神上即是"用全力"的意思。②认为,用充分世界化来代替全盘西化有几种好处:第一,"可以免除一切琐碎的争论";第二,"可以容易得着同情的赞助";第三,采用"充分世界化"可以避免"全盘西化"遇到的严格的数量上的困难。③他强调中西文化自由接触,自由切磋,长期交流,互相融汇,产生一种"中国本位"的吸收了西方文化的新文化。

胡适一生以宣传西方文化为职志,又从中国传统文化中寻找科学精神和科学方法,梳理出理智主义、自由主义、人本主义的传统。从世界的眼光来看文化问题,使胡适能够避免中西文化冲突所引起的困扰,从容地面对中国文化的调整和重建。

胡适越到晚年,越是强调中国文化在世界文化中的地位,随着交通的逐渐发达,文化的自由交流,取人之长,补己之短,可以造成一种新型文化,文化趋同势所必然。

胡适一生对中国文化重新走向辉煌怀有充分的自信,在"充分世界化"主张的背后,包含着深沉而诚挚的中国情结。

陈寅恪注意到不同文化之间的接触和交融,在吸收异质文化之后能产生"新机重启"的作用;认为文化可以超越种族,文明的成果属于全人类。

陈寅恪在读《高僧传》时,对佛经的翻译、佛教的传播途径、方法

---

① 胡适:《读梁漱溟先生的〈东西文化及其哲学〉》,载陈崧编:《五四前后东西文化问题论战文选》,北京:中国社会科学出版社,1989,534-554页。
② 胡适:《充分世界化与全盘西化》,载胡明主编:《胡适精品集》(8),北京:光明日报出版社,1998,247页。
③ 《胡适论学近著》,560-561页。

及人物等，都有所论述。他看到了六朝文化与中亚文化关系之密切及深广，由此论及文化间接传播的利弊。其利之处，如植物的移植，因为环境变了，可以发挥其与本土不同的特性。而基督教移植欧洲，与希腊哲学接触，发生交融和碰撞，形成欧洲中世纪的神学、哲学与文艺。出现的弊端，就因为是辗转和间接，失去了原来的精义。我国将美国及日本文化中的不良部分引进，这是较近的例证。为什么不能引进其中的优良成分，原因就在于不能了解这种文化的本原。要通其本原，就得谙悉这种文化本原的载体——语言、文字。中亚的语言与天竺的语言属同一语系，虽然它们的方言有差异，但大致可以通解。这和近代的意大利语与拉丁语间的关系相似。陈寅恪指出，在内典《出三藏记集》中有："胡音失者，证以天竺。"中亚人能读懂梵文，所以能直接研习天竺学术的本原。

　　文化多样性不仅表现在不同的国家，也表现为不同区域、不同种族的文化互相影响、互相学习和融合。李济指出：看来相当确定的是，最先，殷人的祖先征服了东夷人，并吸收了他们的某些艺术传统，而他们教东夷人学会新的战斗技术，当然，条件是他们应当服从殷人的统帅。有了这支新训练的军队，殷人征服了更西面的夏，结果，他们又从夏那儿学到了那些值得学习的东西。所以，灿烂的殷代，是东夷、夏和先殷三种各不相同的文化传统结合的产物。这就是殷代艺术和这个著名朝代的其他许多文化成分的多样化的背景……[1]

　　安阳石刻出土以后，从这些图案中去比较它的历史及分布，一个最使人惊奇的结论就是：商朝人所用的图案及其设计与安排，现在仍有若干保存分布在太平洋各处的民族中。[2]

　　李济还说：由文化的交流和民族的融化来说，我们可以看见中国文

---

[1] 李济：《李济学术文化随笔》，北京：中国青年出版社，2000，218页。
[2] 李济：《李济学术文化随笔》，北京：中国青年出版社，2000，349页。

化的演进和制度的创新及调节,我们也可以比较清楚地看见世界文化在这一区域有许多突出的成就,辉煌的业绩。①中国民族性特点之一为能吸收其他区域文化之优点。②

金岳霖认为世界上存在着三大文化区:希腊、印度和中国。每个文化区都有自己的传统精神,这个传统精神是一定的民族、一定的社会在历史上长期形成和凝聚的。他在《论道》中说:每一文化区有它的中坚思想,每一中坚思想有它最崇高的概念,最基本的原动力……中国思想中最崇高的概念似乎是道。所谓行道、修道、得道,都是以道为最终的目标。思想与情感两方面的最基本的原动力似乎也是道。③他认为,他以道为其哲学体系的基本概念,就是为了继承和发扬中国文化区的传统精神。他所使用的中国的传统概念,包含了中西方思想资源的融合。他力图将中国固有文化及其哲学西方化,即"旧瓶装新酒"。

金岳霖从小读四书五经,有深厚的中国传统文化修养。他阅读了大量中国传统哲学著作,如先秦道家、名家、儒家著作及宋儒的代表著作等。他将中西哲学思想和哲学家进行比较,指出其不同,更能将中西哲学思想融会贯通,继承了中国哲学的优秀传统,又吸收了西方哲学中的科学精神,形成自己的哲学体系。

一方面,要用西方哲学的方法特别是逻辑方法来改造和重建中国哲学。金岳霖从中西思维方式及文化背景比较的广阔视野出发,指出抽象思维工具的欠缺和逻辑意识的不发达是中国传统哲学的一大毛病。金岳霖有意识地把哲学研究的重点放在逻辑学和认识论方面,为改进、增强中国哲学的认识论意识、逻辑意识而做了大量的工作,有取西方哲学之长补中国哲学之短的用意。他创立的哲学体系,既推进了中国哲学的现代化,又使它走向了世界。从知识论和逻辑学来说,金岳霖

---

① 李济:《李济学术文化随笔》,北京:中国青年出版社,2000,189 页。
② 李济:《李济学术文化随笔》,北京:中国青年出版社,2000,231 页。
③ 金岳霖:《论道》,北京:商务印书馆,1987,16 页。

的精神旨趣充分反映了西方哲学的特性。

另一方面，金岳霖作为中国现代哲学家，尽管有接近于西方现代哲学家的意义，但他一贯信守的仍然是中国传统的道家哲学，他重视哲学的民族性，主张不仅要求得理智的了解，而且要求得情感的满足。金岳霖在《中国哲学》一文中指出，中国哲学也包孕着优点，中国哲学非常简洁，很不分明，观念彼此联结，因此它的暗示性几乎无边无涯。金岳霖哲学追求的终极目标是寻求中国传统哲学中的道在思想上、情感上的认同。他把形而上学思想体系题为《论道》，其深层原因在于他竭力要把中国文化象征的道内化于自己的思想与生命之中，成为自己思想与生命的内核，也即生命的原动力。他认为，中国哲学要相对独立地发展，必须将中国传统哲学所蕴含的独特的哲学理念、方法和价值进一步发掘出来，为解决人类哲学和现实问题提供来自东方文化传统的智慧。

冯友兰长期关注中西文化问题的学术热情和思想动力，源于一种强烈的民族意识以及对于复兴中国文化的责任感、使命感。

冯友兰认为，到五四运动前后，人们开始系统地比较中西文化，从传统、价值以及民族性方面议论中西文化优劣的时候，才意味着中西文化主力军之间的接触和交锋。文化比较，必须以对中国文化和西方文化的详尽了解为前提，主要的不是对不同层面的文化现象进行具体比较，而是比较不同民族的文化传统，比较正在创造中的活的文化现象。在冯友兰看来，中国文化同西方文化的主要差别在于两者的根本思想不同，即哲学思想的不同，具体表现则是价值观念与价值标准的差异；价值标准的差异，正是中国近代科学落后于西方近代科学的原因。冯友兰由反思近代中国的落后而认定中国近代科学技术落后，由探寻中国科技落后的原因，进而反思中国的哲学传统和价值观念。这表现了冯友兰作为一个哲学家思维的敏锐和深沉。

冯友兰在《人生理想之比较研究》自序中说：生在这个欧亚交通的

时代，有许多前人未有之经验，见过许多前人未见之事物。这些事物，大约可分为两种，一种是我们原有者，一种是西洋新来者。他们是很不相同，而且往往更相矛盾，相冲突。因此，我们之要比较，批评，估量他们，乃是一自然的趋势。人生理想之比较研究便是此种趋势之产物。

冯友兰确立了一种既不同于"全盘西化"论又有别于"保存国粹"说的中西文化观，他说，比较中西文化的原因不在理论方面，而在行为方面；其目的不在追究既往，而在预期将来。中华民族的古老文化虽然已经过去了，但它也是中国新文化的一个来源，它不仅是过去的终点，也是将来的起点……新旧相续，源远流长，使古老的中华民族文化放出新的光彩。[①]他认为中西文化的差异不是东西之别，而是古今之异，主要是同社会形态联系在一起的。比较中西文化，既要考察殊相之异，又要考察共相之同。他对中西文化同一的考察包括两种视角：一是在一类具体的文化现象之中，区分出中西文化中共有的理论派别；二是从总体上将文化区分为不同的类型，通过对这种文化类型的考察，以见中西文化的差别和同一。

冯友兰主张以西方的科学精神来进行东西方文化的比较，反对文化研究中的"空谈"。在文化比较中，应"以中国人而谈中国文化及民族性"。如果在文化比较中，空泛地议论中国文化问题，或者以局外人的身份评断自己民族性格的优劣，都于事无补。他力图从文化的深层结构去阐释中西文化的区别。

他把人们比较中西文化，急切地希望了解中西文化的异同，看作人们在审度民族文化的能力，预测剧烈的中西文化冲突中处于劣势的中国文化能否获得胜利；认为人们对于比较中西文化的兴趣不在理论方

---

① 冯友兰：《三松堂全集》，第一卷，郑州：河南人民出版社，1985，344-345页。

面,而在行为方面;其目的不在追究既往,而在预期将来①。

所谓文化互补,主要是就不同民族文化传统而言的。冯友兰认为:东方之长在能阐明物我一体之理,有精神的大我以笼罩一切个体,而其弊在抑制欲望、冲动;西洋在满足欲望、冲动,而其弊在只知有个体而不知有大我,人与人之间只有外的关系而无内的关系。②西方文化注重对外在的认识,追求认识的严谨和清晰,重视科学,科学技术的发展使人们获得丰富的物质享受。中国文化更重视内省、体认、直观,忽略科学,而更看重生活的境界,注重精神的层面。他指出:我们现在所注意的是东西文化的相互阐明,而不是它们的相互批评,应该看到这两种文化都说明了人类发展的共同趋势和人性的共同原则,所以东西文化不仅是相互联系的,而且是相互统一的。③我们期望不久之后,欧洲的哲学思想将由中国哲学的直觉和体会来予以补充,同时中国的哲学思想也由欧洲的逻辑和清晰的思维来予以阐明。④

冯友兰相信中国文化与西方文化是平等的,他描绘的中国文化的前景是西方文化的共同性与中国文化特殊性的有机融合。要化解中国文化和西方文化之间的矛盾,找到中国文化发展的正确方向和道路,关键是要能够理解文化的互补和文化类型的转换。他认为,唯有弘扬自己的民族文化,才能使自己的民族和文化在世界民族文化中真正占据一席之地。比较中西文化应当从自己做起,以实际的行动投身到对优秀文化和优秀民族性的创造中去。

冯友兰在比较中西文化时,注意"别共殊","明层次",打破文化的地域界限,把文化现象作为一个整体进行辨析,提出了自己的"文化类型"学说。

---

① 冯友兰:《三松堂学术文集》,郑州:河南人民出版社,1984,44页。
② 冯友兰:《三松堂全集》,第14卷,郑州:河南人民出版社,1985,591页。
③ 冯友兰:《三松堂学术文集》,北京:北京大学出版社,1984,289页。
④ 冯友兰:《三松堂学术文集》,北京:北京大学出版社,1984,289页。

他把中国学习西方分为五种类型：（1）"师其武器"，这是对西方的一种最粗浅的感性认识；（2）"师其宗教"，如太平天国的神权政治；（3）"师其经济"，主要是工业，当时称实业；（4）"师其政治"，最高的标准是君主立宪；（5）"师其文化"，主要内容是民主与科学。

如耿云志所说：中国新文化，是应时代的需要，在外来文化的刺激下，并借鉴这个外来文化，由中国人自己批判地总结传统，实现传统转化的文化重构运动。外来文化的刺激，引起先进者对正统的怀疑，于是历史上非正统的东西有机会重见天日；非正统的活跃（所谓"异军的突起"），则有利于外来文化的吸收。①

王岳川在《二十世纪中国学术文化随笔大系》总序中说：回首二十世纪，一代代学者以"学术者，天下之公器"的精神，为世纪立言，为中国文化立心。学者们殚思竭虑，将中国文化放在世界文化大视野中去审视，放在现代化的总体进程中去对比；或关注中国文化原典精神，对中国原典进行现代阐释；或注意中国文化中的学统、道统、政统关系，期望在道德理想主义中由内圣开出新外王；或关注中国哲学的内在超越问题，致力于东西方哲学思想的汇合；或身处"政治与学术之间"，从事考据与义理之间的学术研究；或以高人逸士的风范，吞吐中西的胸襟洞察心性灵魂而独出机杼写出诗性感悟；或独标"散步哲学"，在"流云"般的自由思想中寻求人类精神安顿的"家园"。②

四、文化展望

许多学者都提出了对文化发展的展望。

学术文化思想是人类理性认知的系统化，具有独到的见识和创新

---

① 耿云志：《序言》，载欧阳哲生：《二十世纪中国文化》，北京：北京大学出版社，2010。
② 王岳川：《二十世纪中国学术文化随笔大系·总序》，北京：中国青年出版社，2000。

见解。学术思想是否发达,是一个国家或者民族文化发达与否的重要标志。学术思想具有独立性,既顺世而生,又异世而立,就是说,一定的学术思想是特定时代和世代的产物,而又有异世或者逆世的特点。学术思想不随俗,而是引导风尚,转变风气,改变习俗。学术思想的根本特征应该是"即器以明道"。梁启超曾说:学术思想之在一国,犹人之有精神也。而政事、法律、风俗及历史上种种之现象,则其形质也。故欲觇其国文野强弱之程度如何,必于学术思想焉求之。①

1911年,梁启超在《学与术》中说:学也者,观察事物而发明其真理者也;术也者,取所发明之真理而致诸用者也。例如以石投水则沈(沉),投以木则浮。观察此事实以证明水之有浮力,此物理也。应用此真理以驾驶船舶,则航海术也。研究人体之组织,辨别各器官之机能,此生理学也。应用此真理以疗治疾病,则医术也。学与术之区分及其相关系,凡百皆准此。"学者术之体,术者学之用"②。

严复在《原富》一书的按语中写道:盖学与术异。学者考自然之理,立比如之例。术者据既知之理,求可成之功。学主知,术主行。③ 严复要求一种纯学术,做学问的目的就在学术本身,称作"为己"之学。如果为学的目的是猎取功名利禄,所掌握的术再精良,也只能是"为人"之学,是不自由的,不可能达之于道。

中国传统学术,既讲学,又讲道。做学问贵在打通,无道则隔,有道则通。按刘梦溪的解释:学的内涵在于能够揭示出研究对象的因果联系,形成建立在累积知识基础上的理性认知,在学理上有所发明;术则是这种理性认知的具体运用。④

---

① 梁启超:《论中国学术思想变迁之大势》,载《饮冰室合集》第1册,文集之七,1页。
② 梁启超:《学与术》,载《饮冰室合集》,第3册,文集之二十五下,北京:中华书局,1989,12页。
③ 严复:《原富》,载《严复集》,第4册,北京:中华书局,1986,885页。
④ 刘梦溪:《中国学术经典·总序》,石家庄:河北教育出版社,1996,2页。

王国维强调：提倡最高之学术，国家最大之名誉也。① 又说：无论古今东西，其国民之文化苟达一定程度者，无不有一种之哲学。而所谓哲学家者，亦无不受国民之尊敬，而国民亦以是为轻重。② 王国维开拓了众多的学科，而且这些学科都站在理论前沿，取得了举世瞩目的成就，享有盛名，被誉为"中国近三百年来学术的结束人，最近八十年来学术的开创者"。刘梦溪称王国维为"中国现代学术奠基人"。

胡适在《眼前世界文化的趋向》里强调，世界文化是"渐渐朝混合统一的方向"发展，就是"民主自由的趋向"。他相信世界文化有着共同的理想目标，总括起来有三个：第一，用科学的成绩解除人类的痛苦，增进人类的幸福；第二，用社会化的经济制度来提高人类的生活，提高人类生活的程度；第三，用民主的政治制度来解放人类的思想，发展人类的才能，造成自由的独立的人格。③

他说："我们……集合全国的人才智力，充分采用世界的科学知识与方法，一步一步的作自觉的改革，在自觉的指导之下一点一滴的收不断的改革之全功。不断的改革收功之日，即是我们的目的地达到之时。"④

胡适主张文化调和融通论。他认识到中国所处的时代际遇，中国人面临最根本性的课题，是尽可能使中西文化相协调、融合，使中国古老文化中一切有价值的成分获得新生命。

陈寅恪说，学术的兴替"实系吾民族精神上生死一大事者"⑤。他在《邓广铭宋史职官志考证序》中说：吾国近年之学术，如考古历史文艺及思想史等，以世局激荡及外缘薰习之故，咸有显著之变迁。将来

---

① 王国维：《奏定经学科大学文学科大学章程书后》，载《王国维遗书》，第5册，上海：上海古籍书店，1983，38页。

② 王国维：《奏定经学科大学文学科大学章程书后》，载《王国维遗书》，第5册，上海：上海古籍书店，1983，37页。

③ 欧阳哲生编：《胡适文集》，第12卷，北京：北京大学出版社，1998，669页。

④ 《胡适论学近著》，452页。

⑤ 陈寅恪：《吾国学术之现状及清华之职责》，载《金明馆丛稿二编》，上海：上海古籍出版社，1980，318页。

所止之境，今固未敢断论。惟可一言蔽之曰：宋代学术之复兴，或新宋学之建立是已。华夏民族之文化，历数千载之演进，造极于赵宋之世。后渐衰微，终必复振。譬诸冬季之树木，虽已凋落，而本根未死，阳春气暖，萌芽日长，及至盛夏，枝叶扶疏，亭亭如车盖，又可庇荫百十人矣。

这从文化理想方面做了最深刻的预言。

在冯友兰看来，从文化类型转换论来理解中国文化的发展，就是要肯定中国以生产家庭化为基础的文化类型，必须转换为以生产社会化为基础的文化类型。转换文化类型的途径就是改变中国文化所赖以存在的经济基础。他把生产方法和生产制度的变革，理解为实现中国文化类型转变的必由之路。他在 20 世纪 40 年代曾经说过：中国现在最大底需要，还不是在政治上行什么主义，而是在经济上赶紧使生产社会化。这是一个基本。至于政治上应该实行底主义是跟着经济方面底变动而来底。有许多所谓教育文化方面底事，都是这样底。与其空谈应该统一国语，不如多设几个广播电台；与其空谈应该破除省界，不如多修几条铁路。有了这些东西，"应该底"才会跟着来。没有这些东西，"应该底"是空"应该"。①

他认为，中国文化的发展，中国人的民族性的创新，全靠中国人自己的"此时此地"。

冯友兰以价值标准差异来阐述中西文化的差异，以文化类型说明中西文化的同一，再以文化类型转换论来说明中国文化发展，强调生产方式的变革是近代中国文化转型的前提和保证，这样，他使自己的文化理论形成了一个较严谨的理论系统，从一个较高的理论层面，诠释了中国文化发展的方向和道路，把中国文化发展的正确方向视为"中国的自由之路"。

---

① 冯友兰：《三松堂全集》，第 4 卷，冀州：河南人民出版社，1985，306 页。

刘梦溪认为：现代学术有与传统学术不同的特征，主要是三个方面：一是现代学术对学术本身的价值有所认定，倾向于把学术本身当作学术研究的目的；二是学者有了追求学术独立的自觉要求，不愿让学术成为政治的附庸；三是吸收了新的学术观念与方法。[1]

传统学术分成经、史、子、集。20世纪中国学术超越传统，接受西方的学科分类方法，形成了新的知识分类体系。在人文社会科学中，文学、史学、哲学获得了独立的地位，语言学、考古学、社会学、人类学、经济学、法学、政治学、新闻学、心理学等纷纷自立门户，形成新的学科群。

学术是一个民族的精神之光，一种文化精神的象征。学术思想的多元化和多样性是一种常态，如果定于一尊，必将失去活力。百家争鸣，有助于取长补短，有利于学术发展。创新要建立在继承优秀传统的基础上，以形成新的传统，以保持整个文化的和谐、进步。

---

[1] 刘梦溪：《学术思想与人物》，石家庄：河北教育出版社，2004，18页。

第五章 文化学架构

文化学是一门关于研究和探讨文化的产生、创造、发展演变规律和文化本质特征及表现形式的科学。

无论从学科发展还是从文化建设的角度，文化学都大有可为。

一、文化学体系框架

当代文化地位上升，形成全球化形势下的大文化研究。面对丰富的文化史资源和文化实践，需要从最一般意义上总结和提升文化学理论，建构中国特色的文化学体系。

（一）文化学研究对象和内容

文化学是以文化现象、原理、发展规律以及人们关于文化的知识为研究对象的一门综合性科学。

狭义文化学研究是关于文化的"元研究"，必须界定文化概念、文化现象、文化形态，探索文化的起源、发展和流变，阐述文化的要素、结构和功能，分析文化的产生、传播、冲突、变迁和控制，解释文化的应用、渗透、浸染，以使人们更好地理解文化，在继承文化传统的基础上创新文化。

广义文化学是所有关于文化的研究领域，打破了学科界限。现实本身是跨学科的,任何学科的边界都是相对的。人文社会科学的许多重大突破和重大成果都是在多学科交叉处取得的。

必须界定文化概念、文化现象、文化形态,探索文化的起源、发展和流变,阐述文化的要素、特征、形态、结构和功能,分析文化的产生、传播、冲突、变迁和控制,解释文化的应用、渗透、浸染,以使人们更好地理解文化,在继承文化传统的基础上创新文化。

文化学以一切文化现象、文化行为、文化本质、文化体系以及文化产生和发展演变的规律为研究对象,它从总体上研究人类的智慧和实践在人类活动方式(包括思维方式和行为方式)上的表现及其发展规律。从构成方面来看,文化学的研究对象有纵向的历史文化、现实文化,也有横向的不同区域、国家或民族的文化;从层次上来看,有理论文化和实践文化。[1]

S.南达认为,文化学主要研究文化的起源、演变以及文化在不同时代、不同民族中变迁的多样性;考察文化传播的手段;文化与人(生物学意义上物种)的关系;对特定的文化也颇感兴趣,想了解各个不同的社会怎样适应各自的环境;文化人类学设法用比较的方法探讨人类社会行为的特殊性和普遍性、可变性和稳固性;"宗教是否有国界?""不同的社会是否有不同的家庭结构?"[2]等,研究范围非常广泛。

日本学者水野佑则将文化研究确定为十个范畴:时代论、景观论、民族论、语言论、国家论、日常生活论、宗教论、社会组织论、经济论、艺术论。

乔治·彼德·马德克对文化研究的范围做了详细划分,包括:基础资料、历史及文化接触、文化整体、语言、传播、利用资源的活动、技术、资本、住房、食物、饮料及嗜好品、衣服及装饰品、生活之日

---

[1] 陈华文主编:《文化学概论新编》,北京:首都经济贸易大学出版社,2009,14–15页。

[2] S.南达:《文化人类学》,西安:陕西人民教育出版社,1987,3页。

常过程、劳动、分工、交换、财政、运输、旅行、娱乐、艺术、数和计量、继承和学习、对自然的反应、宗教、伦理、财产和契约、社会阶层、家族、亲族、血缘和地缘集团、政治组织、法律和社会制度、集团的抗争、战争与和平、关于身体的概念、性、生殖、幼儿、儿童、青年、结婚、成年、老年、疾病、死亡。① 这实际上是把与人有关的事物和过程都列入文化研究范围了。

文化学的基本问题包括文化概念、文化的起源、文化现象及其本质、文化的要素、文化的特征和形态、文化的结构和功能、文化的类型和模式、文化传统和传统文化、文化的多样性和个性、文化的传播和变迁、文化的浸染和渗透、文化演进的规律、文化冲突、文化控制、文化整合、文化创新，等等。

文化学研究是关于文化的"元研究"，在最一般意义上对有关文化现象及其本质进行研究，抽象出一般规律，引导各个分支文化学科的研究。

文化学研究涉及人类文化的各个方面，着重考察体现在人类文化青青层面或子系统之间的相互联系和关系；以及文化现象与自然现象之间的相互联系和关系。文化学还分析总结古今文化研究的各种理论学说，探讨文化研究的方法论问题，是人文社会科学中的一门综合性基础学科。

（二）文化学的基本架构

关于文化学的体系结构有不同的划分，一般来说，包括文化学原理、文化学说史、文化学分支学科等。

作为一个学科体系，文化学应列为"一级学科"，处于和经济学、政治学、法学、哲学一样的地位，可分设如下二级学科：文化学原理、

---

① 转引自庄锡昌、顾晓鸣、顾云深等：《多维视野中的文化理论》，杭州：浙江人民出版社，1987，373页。

文化哲学、文化人类学、文化社会学、组织文化学、文化地理学、文化产业学、中国文化史、世界文化史、比较文化学，等等。

文化学学科体系包括文化的本体论研究、文化的认识论研究、文化的价值论研究、文化的方法论研究、文化的实践应用研究，等等。文化学包含许多流派，如进化论学派、传播论学派、历史学派、社会学派、结构主义学派、功能主义学派、心理学派、后现代学派等。文化学有许多分支学科，包括研究文化的学科，文化与具体部门结合的学科，以及文化学专题研究，等等。

陈建宪主编的《文化学教程》提出文化学的分支学科包括：文化学原理、文化志与文化史、文化学说史与方法论、分支文化学（如民俗文化学、宗教文化学、文化社会学、文化地理学等）。

王玉德的《文化学》列举了文化学形成的众多分支学科，大致有两类形式：一类是以"文化"置于开头的学科，如文化管理学、文化哲学、文化生态学、文化比较学、文化经济学、文化市场学、文化心理学、文化史学，等等；另一类是以"文化"置于学科名称之后的学科，如企业文化学、城市文化学、民族文化学、建筑文化学、语言文化学、旅游文化学、区域文化学、人口文化学、时间文化学，等等。此外，还有几个学科交叉的文化学分支学科，如文化管理心理学、文化符号解释学、文化生态历史学、经济文化信息学、地理人口文化学、城市文化比较学，等等。

朱希祥在《当代文化的哲学阐释》一书中认为，从西方的文化理论方法与风格、流派看，对文化的研究主要分为现象学、人类学、历史学三种。

现象学的文化分析是纯粹描述方法，本身［是］"试验的"，而不是"科学的"——像我们对经验科学的本质所理解的那样[1]。现象学的

---

[1] ［美］R. 沃斯诺尔：《文化分析》，上海：上海人民出版社，1990，36页。

研究分为释义现象学和存在现象学,它们具有共同的认识论和本体论的假设。释义现象学倾向强调文化的集体方面,特别关心语言,认为文本为分析提供客观的证据。存在现象学较注意文化的个人层次,把文化内在化为个人的主观意识,它的分析对象是在日常生活世界中创造和导出意义的自我。① 把文化与一整套可以获得描述(available descriptions)联系起来,就会通过这种描述得到理解,并且表达自己的共同经验。②

人类学的文化分析是从文化人类学的视角,采用类似于自然科学的考察以及心理、社会结构、行为与生态的分析等方法,用田野作业方式,大量收集各种事实,在事实的基础上形成判断,再用新的事实来检验。考察的重点是文化的起源和发展问题。

历史学对文化的研究,关注文化作为历史的主体及其在时间序列上的呈现规律,将文化的发展描述为一种生、长、衰、亡加上传播、收缩的连续过程,揭示文化在继承、容纳、整合各种因素,并探究其中的复杂、多样、非线性的跳跃和变化状态。③

在国外社会科学中,对文化现象以及文化理论的研究,日益取得重要的地位。有人认为,人类学、社会学、文化学是现代社会科学的三大基础学科,其他人文学科(如历史学、哲学、语言学、宗教学、文艺学),都可以或者迟早要归并到这三大门类中去。

文化的价值体系包括三层:(1)经济价值,突出功利,体现在文化产业和文化产品上;(2)科学、道德、艺术的价值,即真、善、美;(3)宗教的价值,追求圣洁、理想。这几个层面也可归结为真、善、美、圣。

---

① [美]R. 沃斯诺尔:《文化分析》,上海:上海人民出版社,1990,34页。
② [美]斯图亚特·霍尔:《文化研究:两种范式》,载《文化研究》第1辑,天津:天津社会科学院出版社,2000,44页。
③ 参见朱希祥:《当代文化的哲学阐释》,上海:华东师范大学出版社,2006,43-44页。

从文化实践层面来看，以文化产业为代表，面对丰富的文化现象，需要有相应的文化理论。

文化研究本质上的多样性，呼唤哲学社会学科的"综合治理"，这就需要大尺度的"文化学"，形成由不同学科切入、遵循不同学科方法进行研究的多元综合方式，最终形成独具特色的文化学研究方法。各种不同学科的研究成果的融会与集合，它们之间由部分而整体、整体而部分地循环，把我们引向当代文化的原生、本真形态。

文化研究领域很广，其中要重点研究：文化理论与文化实践；文化多样性与个案研究；传统文化与文化创新；民族文化与世界文化，等等。

文化学原理的研究，包括文化定义、文化要素、文化结构、文化符号、文化系统、文化形态、文化建设、文化模式、文化价值、文化意义、文化动力、文化传统、文化认知、文化变迁、文化发展与创新，等等。

文化史和文化学说来，也是文化学研究的重要内容。

具体而言，文化学还可以根据文化的不同分类进行专题性的研究，包括以下各类。

从文化主体划分，有个体文化、家族文化、群体文化、民族文化、人类文化，等等。

从类别划分，有科学文化、艺术文化、宗教文化，等等。

从历史角度看，有传统文化、现代文化，等等。

从形态看，有封建文化、资本主义文化、社会主义文化，等等。

从来源看，有本土文化、外来文化，等等。

从地理角度看，有海洋文化、流域文化、山地文化，等等。

从城乡差别看，有城市文化、农村文化，等等。

从社会发展角度看，有农耕文化、工业文化、生态文化、信息文化等。

从国家和民族文化范围划分，则可以更细化。

还可以分为政治文化、法律文化、行政文化、组织文化；企业文化、商业文化、产业文化、行业文化；社区文化、家庭文化、校园文化、军营文化；媒介文化、广告文化、出版文化；地域文化、民俗文化；饮食文化、服饰文化、建筑文化、旅游文化；休闲文化、影视文化、网络文化，等等。

文化实践丰富多样，包括文化领域（文化艺术、科学技术、教育、新闻出版、广播电影电视、体育）；公共文化服务体系（图书馆、博物馆、剧院、电影院、美术馆、展览馆、体育馆等）；文化业态（报刊业、出版业、广播电视业、电影业、演艺业、会展业、网络业等）；文化分支（经济文化、政治文化、法律文化、社会文化、伦理文化、生态文化、宗教文化以及企业文化、校园文化、机关文化、军营文化、家庭文化、社区文化、公共文化等）。对文化实践研究，既要有总体把握，又要有具体的案例分析，落在实处，具有针对性和可操作性。

只有在各个方面、层次开展具体的研究基础上，才能高度概括、提炼出一般的文化学理论。也只有建构起文化学原理，才能更好地开展各分支文化学科的研究。这是一个双向互动的过程。

二、文化学研究方法

对于文化的研究，可以运用多学科方法，而文化本身又可以作为方法或方式。

（一）方法概述

方法，是为达到一定的目的、实现目标而采取的手段和步骤。学术研究方法是在学术研究过程中形成的有效的研究原则、技巧、路径等。

一般来说，研究方法可分为三个层次：一是哲学方法；二是各门学科的通用方法（如逻辑方法）；三是具体学科中的特殊方法（如考古方法）。

文化学研究方法，主要包括：系统方法、比较方法、综合方法、分析方法、调查方法、文献研究方法、影像技术方法等，科学方法与人文方法结合。可以借用一些相关学科的方法和文化人类学方法，如民族学方法、社会学方法、传播学方法、历史学方法、语言学方法，等等。要综合运用各种方法。

关于文化学研究的方法，黄文山在1932年著有《文化学方法论》；杨堃在1938年发表《莫斯教授的社会学学说与方法论》。杜尔凯姆著有《社会学方法论》。格雷布内尔著有《民族学方法论》。布朗著有《社会人类学方法》(1958)，主张用逻辑方法和功能方法、历史方法和比较方法，把理论分析与田野考察结合。

王玉德在《文化学》中列举了社会调查法、逻辑方法、比较方法、文献方法与历史方法、心理方法与模糊方法、计量统计方法和数字化方法、模拟法与假说法，等等。

陈建宪主编的《文化学教程》认为学习文化学的方法，应具有"他者"的眼光，并且常常用到参与观察法、历史溯源方法和跨文化比较方法。

文化是人类掌握世界的一种独特方式。可以运用文化方法来研究语言、文学、艺术、政治、经济、社会、历史，等等。

（二）调查方法

调查方法是文化学研究最基本的方法之一。

1. 观察法

观察法是通过感官和辅助设备，有目的、有计划地观察文化现象的一种方法，任务是考察客观现象，记录事实，提供依据。参与观察要随时随地注意当地人民的生活方式、行为、礼节以及心理状态、人际关系，等等。

观察法应用广泛、有效，但有两个局限：一是被动性，只能在对象出现时进行观察，而不能干预和控制对象；二是主观性，观察者的知识水平、观察角度、条件等都对观察结果有影响。

2. 问卷法

问卷调查包括设计问卷、实施问卷调查、统计分析等。需要先设计、制作详细合理的问卷，对调查对象进行抽样，以适当的方式发给被调查者，收回问卷后进行统计、分析，得出研究结论。

3. 实地调查

这是民族学调查法、考古学调查法等必须采用的方法。

通过田野调查，实地考察，收集、掌握第一手资料，如果是采访调查，要注意辨别真伪，利用一定的工具、设备，如果是考古调查，要利用科学的检测手段等。

还有访谈法、谱系法、个人生活史法等具体方法。

（三）逻辑方法

逻辑方法包括归纳法、演绎法，等等。

归纳法是从特殊到一般的推理方法。包括简单枚举归纳法、完全归纳法、因果关系归纳法等。

演绎法是从一般到特殊的推理方法，即由共相到殊相。由一些一般的道理说明一些具体的问题，如从农耕社会的一般文化特征说明具体某一个村落的宗法文化的具体特征。

演绎必须以归纳为基础，归纳需以演绎为指导。

（四）比较方法

比较方法即根据一定的标准，对两个或两个以上的个案进行比较、对比分析。将各时代、各地区、各民族收集来的大量事实和材料进行互相比较，以寻找其异同，分析异同中蕴含的规则和规律。

按空间分，有横向比较和纵向比较。横向比较是指将同一时期的属于同类而且有差异的事物进行比较，如不同国家、地域的比较；纵向比较是指将同一事物或类似的事物在不同历史时期的表现形态进行比较。

按内容的性质分，有同质比较（对同质对象的不同形态特征进行比较，如儒家文化圈内的文化对比）、异质比较（对性质不同的对象进行比较，如伊斯兰教文化与基督教文化、城市文化与农村文化）。还可分为单项比较和综合比较。

比较法是在分类的基础上进行的。分类是比较的结果，比较又以类别为基础。

普里查德甚至认为"社会人类学只有一种方法，即比较法"。

应用比较方法要注意对象是否具有可比性，不能牵强和盲目进行比较。

（五）文献与历史方法

文献方法包括收集资料、考证资料、检索资料，进行文本分析和内容分析，如文化典籍的整理、家谱的整理等。许多文化现象，只能通过历史文献才能有所了解。文献检索是利用检索工具，查出需要的文献信息的一种方法。

历史方法注重从历史源流开展研究，重视考证，考镜源流，搞清历史的真相。历史考证方法注重理证、本证、互证等。

文献史料具有多种来源，包括正史、野史、方志、口头传说，等等。非书面文献也是史料的重要来源，如考古文物、民俗资料、口述史料，等等。通过研究不同时期的历史资料，不仅可以看到不同时期的文化形态及文化变迁的轨迹，而且能增进对文化的理解。

泰勒提出的"残余法"（认为旧文化的残余在新文化里有保存，研究文化的残余有助于探索历史发展的过程）实际上是一种历史方法。

文化历史学派采用的方法主要有：(1)集中探索于有限度的"地理、历史的"地域，研究其在历史上经过的深度及其地理上和别的部落接触的广度。(2)应用客观的及统计的方法，以追溯文化特质及文化丛的流播，并用心理学的方法，以研究文化特质的联合、相侵与同化。(3)应用形式的概念以描述区域文化，尤其是在吸收本地的或外来的新文化特质之际。(4)扩大求异的方法,寻出部落内的区别与个体。(5)采用语言学的方法以探索精微的意义。(6)分解文化丛之历史的及心理的成分。(7)排斥粗陋的古典派的演进论与环境论。(8)应用"传播""独立发展""并行""辏合"等概念,作为帮助的工具而不是武断的假说。①他们经常用"特殊标准法"研究文化成分的相互关系,用"文化圈法"研究文化丛,用"时间衡量法"研究文化年代的度量。

口述史法是历史学发展出来的方法,通过工作方式,获得历史当事人的口述资料,进行整理、分析,撰写成果。

文化的历史研究,使人获得文化的纵深感和沧桑感。

(六)心理方法

心理方法侧重研究文化心理、精神分析。

心理学派的弗洛伊德、荣格、卡迪纳、林顿、爱德华·萨丕尔、鲁思·本尼迪克特、玛格丽特·米德等注重用心理学方法研究文化,他们把文化看作心理活动的结果,认为心理差异决定社会状况,且注意心理智力的测验分析。

(七)模糊方法

模糊方法,即对模糊问题进行模糊分析,着眼于历史文化现象的复杂性、多元性、过渡性等,避免机械化、绝对化,从模糊走向清晰。

文化学是边缘学科,有些概念、问题显得模糊。模糊方法多用于研究边缘地区文化、过渡时期文化、交叉学科文化。

模糊方法与相对主义方法有相同之处。任何事物都是相对的,不是绝对的。

---

① 参见林惠祥:《文化人类学》,上海:上海文艺出版社,1991,54 页。

（八）信息方法

信息方法包括计量统计方法和数字化方法。

计量统计方法是通过数学统计、计量，进行量化，对大量数据进行分析。泰勒在《关于制度的发展的调查方法》中论证了统计方法。运用计量统计方法，应尽力避免主观性、盲目性，要把定量与定性相结合。

数字化方法就是计算机方法，利用计算机和网络，存储信息、检索数据，进行信息分析。现代信息传播快捷、即时，对各种文化现象的研究可以充分利用此方法。

（九）模拟法与假说法

模拟法指模拟自然界的事物及其演变。在一定范围内，文化学研究可以采用模拟方法。

假说是依据已知的事实和科学原理，提出大胆的设想，然后进行求证。如胡适所说："大胆假设，小心求证。"

假说有几个特点：科学性、猜测性、实用性。假说以一定事实为依据，但不是所有假说都能被事实证实，假说需要验证，逐步逼近真理。

（十）跨学科方法

文化学可以借用一些相关学科的方法，如文化人类学方法、民族学方法、社会学方法、传播学方法、历史学方法、语言学方法、系统科学方法，等等。

文化研究实际上是综合地运用多种方法，把学术领域的各个分支有机地联系起来，考察它们之间的相互制约和渗透。如格罗斯伯格、纳尔逊、特勒希编的《文化研究》所言：文化研究丝毫没有保证在各种既定语境内所追问之问题的重要性，或者说没有保证如何回答那些问题；因此，没有任何方法论可以被赋予特权，甚至也不可能完全可靠地和有把握地暂时加以运用，然而，也没有哪种方法论可以被立刻排除在外。①

系统科学方法包括系统论、信息论、控制论、协同论等方法，也是一种复杂性研究方法。

跨文化比较方法是在综合不同民族文化的经验材料基础上进行比较，以发现人类行为的共性和差异性，验证或构建关于人类社会文化的方法。

方法是多种多样的，所谓"法无定法"，要综合运用多种方法，如定性分析和定量分析法、归纳法、演绎法、实验方法、假说方法、抽象方法、系统方法、交叉并用法，等等。文化学研究注重各种方法的联系，交相使用多种方法，综合运用。

三、文化学的地位和作用

现有的哲学社会科学学科体系和高等院校的专业设置中，有哲学、政治学、法学、经济学、管理学、社会学、文学、史学、艺术学、教育学、新闻学，等等，却没有"文化学"的位置。这不能不说是一种缺失！需要逐步完善学科体系的设置。

（一）文化学有否必要和可能进入学科体系？

2004 年 1 月，中共中央在《关于进一步繁荣发展哲学社会科学的意见》中提出，要"努力建设面向现代化、面向世界、面向未来，具有中国特色的哲学社会科学。力争用 10 年左右时间，形成全面反映马克思列宁主义、毛泽东思想、邓小平理论和'三个代表'重要思想的教材体系，形成具有时代特点、结构合理、门类齐全的学科体系"。

2004 年 8 月，《中共中央国务院关于进一步加强和改进大学生思想

---

① L. 格罗斯伯格、C. 纳尔逊、P. 特勒希编：《文化研究》，纽约：劳特利奇出版公司，1992，2 页。

政治教育的意见》提出，要"努力形成以当代中国马克思主义为指导的具有中国特色、中国风格、中国气派的哲学社会科学学科体系和教材体系"。

习近平总书记强调，人类社会每一次重大跃进，人类文明每一次重大发展，都离不开哲学社会科学的知识变革和思想先导。

1. 从时代特点看

我们所处的时代，以和平与发展为主题，是一个全球化、信息化、知识化、生态化的时代，是一个文明化、人文化、科学化的时代。以人为本，全面发展，科学发展，贯彻落实五大发展理念（创新发展、协调发展、绿色发展、开放发展、共享发展），正成为时代的共识，体现为新的时代精神。

"文化"就是"人化"。文化概念经历了演变，众说纷纭，歧义丛生。一般地说，文化是人的思想观念及其物化存在，体现为人的生存方式和生活方式。

在全球化时代，文化要素在综合国力中的比重越来越大，文化竞争在综合国力竞争中的地位和作用日益凸显。文化多元化、多样化，各种文化都有其存在的必要，各国之间的文化交流越来越频繁密切。文化产业化、商品化，文化与经济联系紧密，文化实力成为综合国力的重要组成部分。

一个民族的灵魂就是其文化。不了解自己民族的文化，无视其他民族的文化，都不可能生存和发展。

当今时代，人们普遍追求文明，崇尚文化，重视科学、道德、艺术、信仰，寻求精神家园，真正意义上的人必然是"文化人""文明人"。

如果研究文化、文明不能上升到学科层面，那能叫体现时代特点吗？

2. 从学科门类和结构看

目前授予学位的哲学社会科学学科门类包括：哲学、法学、经济学、管理学、文学、史学、艺术学、教育学。这是传统的学科划分，是来自西方对学科的分门别类。

从社会结构来说，其包括政治结构、经济结构、文化结构。政治学是研究政治结构的学科领域，其二级学科有政治学原理、政治思想史、政治制度史、国际政治、中国政治，等等。经济学是研究经济结构的学科领域，其二级学科有理论经济学、政治经济学、工业经济学、农业经济学、金融学、财政学、会计学，等等。对文化结构的研究，却分成众多的学科领域，如哲学、文学、史学、艺术学、教育学、科学、宗教学，等等，而没有超越这些学科层次的"文化学"。

其中，哲学的地位比较特殊，它既是文化的一个重要领域，是文化的核心内容，又是对自然科学、人文社会科学的概括和总结，体现着时代精神的精华，是人类最高智慧的结晶。

有人提出，从文化系统整体看，自然、社会和人是人们从不同侧面从事文化创造与研究的三大领域，由此形成自然科学、社会科学和人的科学三大基本学科群，加上哲学、思维科学和工具科学，并列为六大学科门类，共同构成一个学科体系。如图5-1所示。

```
                        文化学
    ┌──────┬──────┬──────┬──────┬──────┐
  自然科学 社会科学  人学   哲学  思维科学 工具科学
```

图 5-1　文化学与六大学科门类

这是基于把人与自然系统关系中的一切产物都当作文化现象看待，把文化学定义为一门研究文化系统的结构、功能、类型、属性和动态演变过程与发展规律的综合性科学[①]。不仅认为人文社会科学各学科共有的对象从属于文化系统，也认为自然科学各学科根本性的学科对象

---

① 萧扬、胡志明主编：《文化学导论》，石家庄：河北教育出版社，1989，16页。

是文化系统的一部分。

就现行的学科体系而言，我们认为，文化学应列为"一级学科"，处于和经济学、政治学、法学、哲学一样的地位，可以涵盖很多领域。

3. 从中国特色看

中国文化具有悠久的传统。中华文明有数千年历史，夏商周三代是中华文明的发端。"六经"（诗、书、礼、乐、易、春秋）和先秦诸子百家的思想奠定了中国文化的基础、体系和框架。之后，魏晋玄学、宋明理学、具有中华民族特色的佛教、道教等，逐渐形成中国文化体系。这个文化体系历经几千年而没有断裂，一直在传承和发展，这是其他文化所不具备的。

中华民族创造了灿烂的物质文明和精神文明，留下了宝贵的文化遗产。优秀的文化传统是进行新的文化创造的基础和前提。中国文化体系必须在继承中创新。

中国文化也吸收了其他文化的成果，以海纳百川的气度，积极与域外文化交流，具有包容性。总结、提炼具有中国特色、中国风格、中国气派的文化学体系，这是我们义不容辞的责任。

面对丰富的文化实践，需要从最一般意义上总结和提升文化学理论，建构中国特色的文化学体系。

4. 从历史渊源看

中外学界对文化学的研究已有许多成果（见前面各章节）。

把文化学纳入招学社会科学体系顺理成章，呼之欲出。

（二）文化学有什么用？

文化学研究大有可为，也应当有大作为。

文化学作为一门学科、一门课程，是掌握文化类知识体系的基础性课程。

1. 理论价值

文化学是独具特色的理论体系，对于理论创新不可或缺。

文化学对政治学、经济学等学科能提供思想启示、概念阐释、方法导引，有助于掌握和解决人文社会科学各学科方面的基础认识问题。

2. 教育价值

文化学是实现素质教育的基本学科，包括思想道德、科学、宗教、艺术，等等。文化学应该作为高等学校的基础课程之一。文化学的各个分支学科可以作为专题选修课程。

文化学专业的毕业生可以在各种与文化相关的部门工作，在企业、事业单位也大有用武之地。对于新兴的文化经济学、文化产生原理学来说，文化尤为重要。

3. 国际交流价值

文化交流是国际交流的重要方面。文化学研究成果可以提高国际交流的质量，增加深度，拓展广度，增进相互了解与合作。

4. 应用价值

文化与政治、经济形成社会的三维结构。政治、经济、社会问题的解决都与文化密切相关。文化学研究跟文化有关的所有现象、实体、形态，找出其规律，努力倡导和谐文化理念，为构建社会主义和谐社会提供精神动力、思想保证、舆论支持和文化条件。提升文化水平，制造适应本民族、本国或本地域的新型文化生活方式，是人类社会未来发展的需要。

文化学对社会文化生活发挥着评判功能、凝聚功能、教化功能、定向功能等，促进社会的和谐、协调发展。文化学可以为学术研究提供广阔的视野，与各门具体学科相结合，开展有益于时代的研究把对于社会文化的研究引向更为深入和宽广的空间。

建立文化学学科体系，具有极为重要的意义。

第一，对人类文明和文化成果，进行总体性的认识，可以开阔视野，理解自身的历史使命。文化与人类共生，了解文化，是每个人的基本要求和基本素质。帮助人们了解和认识文化发展的规律，促进文化的发展。

第二，没有"文化学"的哲学社会科学学科体系，不能完全体现时代特点，结构就不能算合理，门类就不够齐全，亟须填补这个空白。

第三，文化学研究是加强国际交流，使世界各民族相互了解和理解的桥梁和纽带。了解文化多样性，相互学习，共同发展。

第四，把"文化学"列入学科体系，可以深入研究具有"中国特色、中国风格、中国气派"的文化。要正确估价中国传统文化，取其精华，弃其糟粕，既有继承，又有创新。

第五，文化学理论与实践的结合，将促进文化的发展，并在根本的意义上，推动政治、经济、社会的发展。

第六章　文化关系

文化与政治、经济、社会相对应，相互之间有着密切的关系。科技、教育、艺术属于文化领域，但也有不同的特性。文化与宗教、文化与生态相互关联。文化与文明更是联系紧密，但也有所区别。

一、文化与政治

文化与政治密切相关。政治本质上是借助于社会公共权力来规定和实现特定权利的一种社会关系，是一种人类文化现象。以前曾经强调文化从属于政治、为政治服务，这是不对的，文化具有相对独立性，对政治发展也产生作用。它们相互影响、相互作用。政治决策、政治制度、政治发展中都包含文化的因素。文化与政治的联系是历史的、必然的，二者之间并不存在不可逾越的鸿沟。

如何认识和处理文化与政治的关系是制约和影响中国共产党文化政策与文化工作的核心问题。大体上以中共十一届三中全会为标志，明显地分为两个阶段：第一个阶段，认为文化从属于政治、为政治（准确地说是无产阶级政治）服务；第二个阶段，认为文化不能脱离政治，但也不能从属于政治。两个阶段的认识及其转变，均有着深刻的历史根源并发挥着不同的作用。

文化从属于政治、为无产阶级政治服务的理念形成于革命战争年代。特别突出文化的阶级性和工具性，强调文化为政治服务、为某一时期的政治中心任务服务的功能，以使文化事业充分发挥为革命、为战争服务的功能，可以说是民主革命时期中国共产党文化观和文化实践的最重要特征，并对中国革命的胜利起了巨大的配合与推动作用。

从中华人民共和国成立到中共十一届三中全会，为无产阶级政治服务的文化观基本上延续下来，它表现为广义和狭义的两种理解与实践。从广义上讲，为政治服务就是服务于无产阶级对整个国家的领导，服务于整个国家建设事业；从狭义上说，就是为阶级斗争、政治运动服务。而后者无论从时间上还是从强度和明确性上均占着主要地位。其表现是将意识形态作为压倒一切的优先考虑，过于凸显和胶着于政治正确、"政治挂帅"，从而导致文化日趋政治化，多采取高政治宣传运动的形式推进文化事业的发展，开展文化领域的斗争。特别是当它和"以阶级斗争为纲"的思想结合在一起的时候，实际上使文化成了极"左"政治的奴婢，"文化大革命"便是例证。在文化为政治服务的理念下，即使将政治理解为整个国家建设的全局，它在不同程度上也会助长机械地理解文化与国家建设事业之间的关系，而借助上纲为政治，推行某些不符合文化发展规律或要求的做法。如中华人民共和国成立后不久，提出文艺要"写政策"，密切配合政治运动。"大跃进"时期再次提出类似要求，并像物质生产一样，定计划、定指标，要求按期完成，实现"跃进"，等等。虽然这些违背文化发展规律的做法当年已经被清楚地认识到并不断提出要求进行改正，可是始终收效甚微，甚至日趋严重。贯彻文化为政治服务的宗旨，作为政治运动的工具，甚至直接纳入"以阶级斗争为纲"的路线之下。为政治服务需要落实，合乎逻辑的行为自然是细化出一系列具体要求。为政治服务的文化观不可避免地会影响党的文化建设方针与政策的制定及调整，影响这些方针与政策的弹性或灵活性。

"文化大革命"结束后,伴随党和国家的拨乱反正,文化建设方针的调整亦迈开步伐。1977年8月,邓小平在《关于科学和教育工作的几点意见》中提出,必须恢复实事求是的学风,重新提倡"百家争鸣"。1978年3月,邓小平《在全国科学大会开幕式上的讲话》中强调:"对于学术上的不同意见,必须坚持百家争鸣的方针,展开自由的讨论。"①中共十一届三中全会后,从放弃"文艺服从于政治"的口号开始,中国共产党很快确定了文化为人民服务、为社会主义服务的新"二为"方向(相对于为工农兵服务、为政治服务的旧"二为"方向)。

1979年10月,邓小平《在中国文学艺术工作者第四次代表大会上的祝词》中重申:"坚持百花齐放、推陈出新、洋为中用、古为今用的方针,在艺术创作上提倡不同形式和风格的自由发展,在艺术理论上提倡不同观点和学派的自由讨论。"②邓小平在强调恢复"双百"方针的同时,针对纠"左"引发的右的倾向即怀疑和否定马克思主义、共产党的领导和社会主义制度,提出必须坚持四项基本原则——坚持马克思列宁主义、毛泽东思想,坚持中国共产党的领导,坚持社会主义制度,坚持无产阶级专政。此后,邓小平不断重申这一思想,认为"坚持四项基本原则,同坚持'双百'方针,是完全一致的"③。可以说,一方面恢复并坚持"双百"方针,一方面坚持四项基本原则,是邓小平在社会主义文化建设上的核心思想。当然,鉴于历史教训,邓小平非常警惕政治对文化的横加干涉问题。在第四次文代会的祝词中,他明确提出:"党对文艺工作的领导,不是发号施令,不是要求文学艺术从属于临时的、具体的、直接的政治任务,而是根据文学艺术的特征和发展规律,帮助文艺工作者获得条件来不断繁荣文学艺术事业,提高文学

---

① 《邓小平文选》,2版,第2卷,北京:人民出版社,1994,98页。
② 《邓小平文选》,2版,第2卷,北京:人民出版社,1994,210页。
③ 《邓小平文选》,2版,第2卷,北京:人民出版社,1994,256页。

艺术水平。"① 根据邓小平的讲话精神,《人民日报》1980年1月26日发表题为《文艺为人民服务、为社会主义服务》的社论,明确不再提"文艺从属于政治"及"文艺为政治服务"的口号,而以"文艺为人民服务、为社会主义服务"作为新时期文艺工作的指导方针。新的"二为"方向,实际上也是对整个文化建设的要求,它的提出,标志着执政党在文化建设指导思想上的重要调整和转变。集中到文化与政治的关系上,就是文化不能从属于政治,但也不能脱离政治。有了这一前提,一些长期困扰中国文化发展的问题(如政治与行政干预过多、过于简单粗暴的问题,文艺作品的概念化、公式化问题,学术艺术问题、思想问题和政治问题的界限时常混淆,等等)便在相当程度上迎刃而解或者不再以往意义上存在了。有了这一前提,历史上曾提出的正确的但未得到切实贯彻的方针得到进一步落实。

根据中国社会的发展和时代的要求,一系列新的方针陆续出台,如江泽民担任总书记后,在继承毛泽东、邓小平文化建设思想的基础上,充分汲取新中国历史上文化批判运动带来的负面影响,提出精神文明"重在建设,以立为本","团结鼓劲,正面引导,不搞'大批判',不搞无谓争论"②等方针;从市场经济条件下人们思想观念和价值选择的多样化现实出发,提出"弘扬主旋律,提倡多样化"等方针。

胡锦涛担任总书记时,面对进入21世纪后,经济全球化进程加快背景下世界范围内各种思想文化的融会、碰撞与激荡空前,文化与经济、政治的相互交融空前,文化产业异军突起,从而在综合国力竞争中作用日益凸显的现实,面对发达国家借助其经济和文化产业优势,推行文化霸权,民族文化和文化安全问题越来越受到各国政府和民众重视的复杂环境,在继承党的几代领导集体有关文化建设思想的基础

---

① 《邓小平文选》,2版,第2卷,北京:人民出版社,1994,213页。
② 《十四大以来重要文献选编》(中),北京:人民出版社,1997,1534页。

上，依据时代特点和要求，提出了一手抓公益性文化事业，一手抓经营性文化产业，全面推进和深化文化体制改革，以充分保障人民群众的文化权益，增强文化发展活力，解放和发展文化生产力；要把弘扬和培育民族精神作为重要任务，纳入国民教育的全过程；构建社会主义核心价值体系，建设和谐文化；推动中华文化走出国门、走向世界、不断增强国际影响力等方针。党的十六大提出了"政治文明"的概念，从文化的意义上审视和创造性地转变党的领导方式、执政方式，强调"借鉴人类政治文明的有益成果"，巩固和发展民主团结、生动活泼、安定和谐的政治局面。党的十七大报告把建设社会主义核心价值体系作为文化建设的首要任务，是为了增强政治意识形态的吸引力和凝聚力，也是按照文化自身的规律、按照文化的特点和规则来进行阐述。而且，认可文化的多元性，认可文化有纯愉悦身心的功能，甚至承认文化市场的存在、文化具有产业属性是一个突破。

随着中国特色社会主义进入新时代，习近平总书记从文化的高度和立场系统展开对"中国特色"的文化建构，深刻彰显"中国特色"文化自信的本质属性，形成了新时代中国特色社会主义文化思想，为建设社会主义文化强国提供了重要理论指导和行动指南。习近平总书记明确指出，坚持社会主义核心价值体系，必须更好构筑中国精神、中国价值、中国力量，为人民提供精神指引。

中国特色社会主义文化，源自中华民族五千多年文明历史所孕育的中华优秀传统文化，熔铸于党领导人民在革命、建设、改革中创造的革命文化和社会主义先进文化，植根于中国特色社会主义伟大实践。发展中国特色社会主义文化，就是以马克思主义为指导，坚守中华文化立场，立足当代中国现实，结合当今时代条件，发展面向现代化、面向世界、面向未来的，民族的科学的大众的社会主义文化，推动社会主义精神文明和物质文明协调发展。要坚持为人民服务、为社会主义服务，坚持百花齐放、百家争鸣，坚持创造性转化、创新性发展，不断铸就中华文化新辉煌。

坚持以爱国主义为核心更好构筑中国精神。习近平总书记指出："精神是一个民族赖以长久生存的灵魂，唯有精神上达到一定的高度，这个民族才能在历史的洪流中屹立不倒、奋勇向前。"伟大的事业需要伟大的精神。坚持以爱国主义为核心更好构筑中国精神，正是习近平总书记文化思想的基本指向。必须大力弘扬以爱国主义为核心的民族精神和以改革创新为核心的时代精神。

坚持以建设核心价值观为支撑更好构筑中国价值。习近平总书记指出，核心价值观"是决定文化性质和方向的最深层次要素"，"当代中国价值观念，就是中国特色社会主义价值观念，代表了中国先进文化的前进方向"。核心价值观是一个民族、一个国家最持久最深层的力量和重要稳定器。坚持以人民为中心，让包括思想理论、文学艺术和文化产品等在内的一切思想文化建设成果都能够充分观照人民的生活、命运、情感，充分表达人民的心愿、心情、心声，正是坚持中国特色文化发展道路的根本立场所在。习近平总书记指出，核心价值观"是一个国家共同的思想道德基础"，"核心价值观，其实就是一种德，既是个人的德，也是一种大德，就是国家的德、社会的德"。需要为构建和传播人类共同价值观不断贡献中国智慧。

坚持以提高国家文化软实力为重点更好构筑中国力量。文化软实力集中体现着一个国家基于文化而具有的凝聚力和生命力，以及由此而产生的吸引力和影响力。必须加快构建中国特色哲学社会科学学科体系、学术体系、话语体系。习近平总书记指出："面对世界范围内各种思想文化交流交融交锋的新形势，如何加快建设社会主义文化强国、增强文化软实力、提高我国在国际上的话语权，迫切需要哲学社会科学更好发挥作用。"推动文化事业全面繁荣和文化产业快速发展，努力创造反映人类精神生活中最先进的文化成果。

建设中国特色社会主义文化强国，要着重下列问题：牢牢掌握意识形态工作领导权;培育和践行社会主义核心价值观;加强思想道德建设;繁荣发展社会主义文艺;推动文化事业和文化产业发展。

要以习近平新时代中国特色社会主义思想为指导,以建设社会主义核心价值观为根本任务,以满足人民精神文化需求为出发点和落脚点,着力解决人民对美好生活的向往与发展不充分不平衡的矛盾,以改革创新为动力,发展面向现代化、面向世界、面向未来的,民族的科学的大众的社会主义文化,培养高度的文化自觉和文化自信,提高全民族文明素质,增强国家文化软实力,弘扬中华文化,提升中华文化在世界上的影响力,努力建设社会主义文化强国。

政治学是研究政治关系及其发展规律的学问,侧重于研究现代国家的政治生活,如政治思潮、政治组织、政治制度、国际关系等。

在全球化时代,文化与外交联系紧密,文化交流与合作在国际交往中起着重要作用。美国战略家布热津斯基断言:"归根结底,控制人类共同命运努力的成败取决于具有极端重要意义的哲学和文化层面,正是它形成了指导政治行为的重要观念和思想。"

美国政治学家亚历克西斯·德·托克维尔认为,美国政治制度之所以行得通,是因为文化适宜于民主。罗纳德·英格尔哈特认为,各民族的文化价值观与政治表现之间存在着强有力的联系。

政治学和文化学同样关注政治组织、政治制度、社会管理、法律等问题,但文化学在研究的时间与空间范围上更为宽泛。从广义上讲,任何一个文化群体都有政治生活,存在一定的权力结构和关系。

政治学和文化学都通用一些术语,如"国家""权力""权威""组织""制度"等,但侧重点有所不同。文化研究领域更为广泛,既包括"非国家"社会的政治制度、"非成文"的地方习惯法、基层政治组织、乡村公共权力,也包括全球化时代政治文化的变迁及其影响,等等。

二、文化与经济

文化与经济发展是相互关联的，一方面的变化会影响另一方面，是人类社会发展必不可少的两个部分。经济是社会发展的基础，文化既是上层建筑也是社会生活的基本方式。

经济不仅是一个关于生产、分配和消费的体系，同时也是文化体系的一部分。各种经济现象是人类社会独特的人文风景。马克斯·韦伯认为，如果我们能从经济发展史学到什么，那就是文化会使局面几乎完全不一样。

法国著名社会学家布迪厄认为资本有三种形态：经济资本、文化资本、社会资本。文化资本位于经济资本和社会资本之间，文化资本的显性作用在于可以通过教育、出版、文化产品销售将其转化为经济资本，文化资本的隐性作用在于可以通过知识培训将其转化为社会资本，建构良好的投资环境。开发文化资本，可以催发城市繁荣，扩充文化产业领域，文化产业的附加值通过文化资本展现出来。①

文化生产、分配和消费本身就带有经济的性质。文化生产具有生产性服务业特征，把多业态的文化产业与制造业、信息业、建筑业、旅游业、包装业等产业联系在一起。通过创意设计，把文化元素或符号融入国民经济各行业，将提升物质产品和现代服务业的附加值和品牌价值。文化创意是文化和经济融合的"润滑剂"。以信息传播、智能技术等为特征的价值极大地促进了文化经济的发展，文化经济的发展也使人们的文化消费和文化生活更加充实和活跃。

文化研究中的许多问题都涉及经济方面。文化学研究关注在某一个文化环境中由经济行为所体现出来的人际关系、社会组织制度、生活

---

① 参见[法]布迪厄：《文化资本与社会炼金术》，上海：上海人民出版社，1997，192页。

方式等方面的问题。迈克尔·波特强调全球化包括文化传播，其趋势会使文化均质化，使各国较易于克服文化和地理上的不利因素，文化能影响经济发展和竞争力。

文化与经济互动，主要体现在以下方面。

第一，文化与经济是一种共生、同构、互动关系。经济与文化的产生几乎是同步的，人类发明和使用工具，就意味着文化的诞生。不同的生计，产生不同的文化规则和生活习俗。经济模式的差异体现了文化的不同。要解释经济模式出现差异性的原因，有时需要从文化方面着手。

第二，文化与经济发展水平的交错复杂性。文化与经济发展具有不平衡性。一般来说，文化适应经济的发展，经济发达的时代或地区，文化相对就发达一些，先进的生产力必然催化先进文化的产生；经济落后导致文化的滞后。但文化有时并不与经济同步，有些经济发展程度较高的国家和地区，其社会意识发展水平不一定很高；有些经济发展程度落后的国家和地区，由于历史文化传统的因素，一个民族、一个群体的文化自觉意识可以超越经济的平台，其文化发展水平有可能高于经济发达的国家和地区。文化又可以促进经济发展，主要表现在：文化可以提升劳动者的素质，是经济发展的原动力；文化可以增进社会知识，是经济发展的催化剂；文化塑造良好的形象，是经济发展的大科场；文化提供不竭动力，是经济发展的动力源。[①]先进文化推动生产力的发展，影响经济发展的特征和速度。

第三，全球化背景下的经济与文化一体化。文化与经济结合，既可以产生很大的经济效益，又可以产生很大的文化效益。一方面，文化经济化，文化需要经济扶持。在一定程度上，经济规定并制约着文化的性质和方向。另一方面，经济文化化。任何经济活动中都有文化的

---

① 参见王晓鹏编著：《文化学概要》，福州：福建人民出版社，2017，187页。

含量，需要文化的引导和驱动。

文化经济学是研究文化与经济关系的一门学问，是关于文化生产、流通、消费的经济现象及其发展规律的学科，主要研究文化领域的经济问题和经济领域的文化问题。文化资本是继物质资本、人力资本和自然资本之后的第四种资本，是具有文化价值的财富。文化经济涉及文化资源、文化产业、文化生产、文化消费、文化市场，等等。

需要在文化学和经济学之间对话，从多元的视角更好地观察分析人类文化社会中普遍存在的经济生活。

三、文化与科技

文化领域包含科学技术。人们通常把文化分为科技文化和人文文化两类。

科技与文化贯穿一体，能够相互推动和彼此促进，互为因果关系。科技进步能够促进文化的发展。文化为科学发展奠定根基，整体文化发展了，科技也随之推进。科技可以影响文化的进步，文化也可能制约科技的发展。

从文化的角度来看科学技术，就是把科学技术视为人类精神内化和外化的统一，把科学技术放到整个社会文化背景中去考察，从物质器物层次到制度层次再到价值观念层次，形成一个有机的体系。科学技术已成为一种社会建制，在现代社会占据了重要地位，对经济社会发展起着决定性作用。

许多研究对象，既有科学技术的内容，也有社会文化的成分，既包括有形的物质技术层面，也包括无形的文化象征内涵。

有人指出：科学作为西方文化的主向度，根本上说在于西方文化的精神是在科学中形成和发展起来，这些精神转而又影响文化的其余形态。①恩·卡西尔认为：科学是人的智力发展的最后一步，并且可以被看成是人类文化最高、最独特的成就……在我们现代世界中，再没有第二种力量可以与科学思想的力量相匹敌。它被看成是人类最后的篇章和人的哲学的最重要的主题。②科学构成文化的最坚实的支柱，又是文化发展的最强大的内在动力。科学本身是不断发展的活动，科学探索永无止境。

知识的流动和传播是从个体层次向社会文化层次进行的。李克特（Maurice N.Richter）指出：科学是一个从个体层次向文化层次的认知发展的延伸，是一个传统的文化知识之上的发展生长物，而且是一个文化进化之特殊化的认识变异体和延伸。③

科学史家耶胡达·埃尔卡纳在《关于知识人类学的尝试性纲领》一文中明确提出要把科学作为一种文化系统来考察。他说：文化的不同维度：宗教、艺术、科学、意识形态、普通常识、音乐，是相互联系的，它们都是文化系统。科学知识社会学的主要代表人物马尔凯、巴恩斯、布鲁尔等把对科学的社会研究的重点放到科学知识上面，并把自然科学知识等同于其他知识和信念，看作文化现象。马尔凯的著作《科学和知识社会学》第三章标题就是"科学中的文化解释"。巴恩斯在《科学知识和社会学理论》中指出，科学是一种信念，"科学是亚文化的集合"，受到外部的整个大文化的影响。提出"强纲领"主张的布鲁尔也把科学当作文化现象、人类学现象。瓦托夫斯基认为：从哲学的最美好和深刻的意义上说，对科学的人文学理解，就是对科学的哲学理解。④

科学是一种文化，并且是特定文化的产物，本身就是一种人文理

---

① 周昌忠：《西方科学的文化精神》，上海：上海人民出版社，1995，3页。
② ［德］恩·卡西尔：《人论》，上海：上海译文出版社，1985，263页。
③ 小摩里斯·N·李克特：《科学是一种文化过程》，北京：三联书店，1989，80页。
④ 瓦托夫斯基：《科学思想的概念基础——科学哲学导论》，北京：求实出版社，1982，3页。

想。但是，科学毕竟以认识为己任，科学对物质世界和精神世界的"描绘""建构"和"超越"都只是发生在人的理性认知领域，并以其真理性的认识为前提。科学的理论认知功能是其实践创新功能的必要基础，而科学的实践创新功能则是其理论认知功能的必然延伸。正是在这两方面统一的意义上，李克特才认为"科学是一种'加速'文化发展的形式"，并将科学定义为"一个文化的、认知的和发展的过程"①。这为我们准确把握科学的内涵提供了借鉴。作为一种加速人类文化发展的认知形式，科学就在于用理性方法去整理感性材料，在于以实事求是的态度去认识自然领域、社会领域和人文领域的一切真实之关系，并在此基础上去追求现实物质世界和人的精神世界的真、善、美，去追求人的自由和全面发展。从科学的本质追求来看，它与人性对真、善、美的追求和自由的渴望是紧紧地联系在一起的。

英国科学哲学家波兰尼明确地提出了一整套以人性为基点的新科学观，揭示了科学背后的人性内趋力。库恩承认，科学是一种合理性的事业，在本质上是一种人文事业。费耶阿本德将文化人类学作为进行科学哲学思考的基本支柱，他说：人类学方法是研究科学的结构的正确方法。②费耶阿本德把文化人类学的方法引进科学哲学，极力反对"用科学的名义扼杀文化的意识形态"。

"科学中有文化，文化中有科学"。科学技术也是属于人类的意识行为，必然统属于人类文化。目前的"文、理分科"教育体制有待以文化理念重新考量。

科技与人文不仅不必然对立，而且具有内在的统一性，也即存在着整合。科技文化和人文文化展现了多姿多彩的不同层面，但又是相互整合和统一在一起的。

---

① 小摩里斯·N·李克特：《科学是一种文化过程》，北京：三联书店，1989，80、85~86页。
② 费耶阿本德：《反对方法》，上海：上海译文出版社，1992，220页。

科学文化与人文文化都有自己的独特作用，同时也都有不足的一面。偏于强调某一种文化，必然招致人类文明的不健康发展。只有两种文化贯通起来，人类才有光明的发展前景。就科学文化而言，较为理性的态度，就是在肯定科技的人文功能的同时，也认真分析造成其负面效应的根源。在此基础上，就应该在减少这种负效应方面有积极作为，以使科技活动体现出人文精神。

科技与人文的整合具有必要性，而且有充分的可能性。

1. 必要性

科学技术本身就是一种与人类的理想和自由密切相关的高层次文化。它集中体现了人类对知识和真理的追求。它是人类文明的重要组成部分，是任何其他文化所不能替代的。一个人的科技知识素养在很大程度上体现了文化素养和整体素质。就整个人类来说，科学技术的发展水平更是从一个极为重要的方面标志着人类自身的发展水平。科学技术不仅同物质财富的生产及其物化的世界有关，而且与人们的精神境界和高层次文化相关。

科学技术活动作为一种理性活动，对于推动人的理性思维和智力发展有巨大而深远的作用。科学技术合理性包含着批判的精神、怀疑的精神和创新的精神，因而更多地包含着"否定性思维"，它与所谓的"统治的逻辑"是格格不入的。理性的发展水平标志着人类自身和社会的发展水平和成熟程度。要是没有近现代科学技术活动所培育和发展起来的理性，就没有近现代化的人类及其社会，人类也许仍将徘徊在比较原始的状态，宗教或巫术也许仍将主宰着一切。

科学技术与人自身的发展最深刻的一致性还在于科学技术是第一生产力。科学技术对于人的解放起着十分关键的作用。当代西方一些人文主义者否定科学技术的积极作用，否定发展社会生产力的必要性，离开社会历史条件抽象地谈论"人，诗意地安居""对解放形象的向往"以及什么文化应当或不应当享有什么地位问题，等等，可以说是带有几分浪漫主义色彩的空谈。

因而，科技与人文的整合是必要的。

2. 可能性

科技与人文的整合具有可能性，并向现实性转化。

第一，科技与人文在源头上是统一的。科技与人文的共同源头是客观自然界。在萌芽阶段，科学用来解释自然，人文用来歌颂自然。前者是理性的，体现阿波罗（太阳神）精神；后者是情感的，体现狄奥尼斯（酒神）精神。它们是互补的。科学与艺术在古希腊观念中是相通的，在文艺复兴时期也是融合在一起的。

第二，科技与人文有着共同的追求目标，都力图在精神上探求统一和谐的世界体系，达到美的境界。例如，物理学家和音乐家都试图用秩序井然的世界代替经验世界，都是对美的追求。科学上的创造力与艺术上的创造力是同等的。

第三，科技与人文统一的生理基础是人脑功能定位的互补统一。大脑两半球分别主管理性与情感，又相互联结协调。两半球只有均衡发展，综合使用，大脑总效率才成倍增长。

第四，科技与人文的整合显示了人及其社会全面发展的趋向。人在走向理想境界过程中，追求完整的人生体验，要求体会科学精神与人文精神。社会谋求持续协调发展，需要科技做动力，人文做导向。这就从根本上趋向科技文化与人文文化的交融。[①]

对科学的人文角度的理解，不单是把科学理解为一种人类活动，而且也是科学社会学、心理学和科学史中的研究课题。一种人文理解意味着一种普遍的观点，它同时体现着科学的方向与特性、它们的相互关系、它们与外界的关系，它是作为通达科学基础的事业这种意义上的智力领悟。达到对科学的人文理解就是在自身中实现和认识到由科

---

① 参见肖峰：《论科学与人文的当代融通》，南京：江苏人民出版社，2001。

学本身所例证的那种概念理解的模式,去影响一个人自己的理解与科学所显示出的那种理解之间的和睦关系,这就使得有可能认识科学思想的充分的人文主义。

高科技的发展需要高人文的结合。人类已步入高科技时代,随之出现了负面效应。高科技的辉煌与高人文的忧患并存,高科技为人文的弘扬或毁灭都提供了更大的可能空间。而且,人文本身也带上浓厚的科技色彩,人们一面享用着高科技,一面又极端地贬抑它,这是人文悖论的表现。科技水平越高,其人文关切就越重要。

随着科学文化的日益重要,人文文化也发挥着重要作用,并产生了更为迫切的与科学文化融合的内在需求,两种文化相互交融成为必然趋势。科学与人文相互为用,日益交融。科学为人文提供依据,人文为科学确定目的。人文无科学则空,科学无人文则盲。科学与人文之间可以在观念上互启、方法上互用、学科上互构、精神上互融。

四、文化与教育

教育是有目的地培养人的活动,也是一类文化形态,或者说是一个社会文化系统,是传播文化的重要方式。教育理念折射了文化观念。教育内容和形式,都深深有着文化的烙印。通过教育,知识得以传授,文化得以传承,改变了人与自然的关系,确立了人与社会的关系、人与人之间的关系。

教育是文化基础,是文化的再生产、扩大再生产的基础。教育是文化的表现形式,教育也是一类文化形态,是文化系统的一个重要组成部分。文化的传统性教育保证了民族文化的继承,塑造了民族性格和民族精神,为民族发展提供了精神动力和源泉。文化的民族性影响着教育的本质特征。东西方的文化差异明显体现在教育方式上。文化的时代性教育促进了民族文化的发展,为民族文化提供了新的内容和形式。

文化与教育之间存在双向互动关系,相互影响,相互促进。一方面,教育作为文化的内容，促进了文化的继承和发展，促进了文化交流和传播，也促进了文化的创新和进步；另一方面，文化体系包含教育内容，文化的发展也推动了教育的进步，主要表现在：物质文化的繁荣推动教育方式和手段的丰富，文化的发展促进了文化信息量的增加，对教育的发展提出了更高的要求。

教育是一个双层传递过程：一方面，它将表层的知识由机构或个人传播到团体和个人；另一方面，也将深层的文化的伦理和价值传播开来。知识传播要通过一定的信息符号，也即社会认可的文化符号。从文化的伦理和价值来看，教育是通过人与人之间的联系来进行的，也是一种社会体系的传承。教育培养人才，对文化创造起着重要作用。

教育是一种社会文化合力的过程与结果。家庭、学校、团体、族群、媒体等在人的社会化过程中是重要的文化力量和教育机构，其中文化参与了对人终身的教育和塑造。文化的民族性影响着教育的本质及教育方式。

联合国教科文组织国际教育报告《学会生存》中称教育的目的是"完善的人"（whole man），也就是"全面发展的人"。包括以下几个方面：其一，智力的要求，如一定的知识、表达能力、好奇心、实验能力、综合与分析能力、阅读能力、想象力等。其二，复合人格。尊重人格的各个方面，使人格的各组成部分保持平衡发展。其三，情感。培养感情方面的品质。其四，美感。包括对美的兴趣、识别美的能力等。其五，身体。欣赏自己的身体，把它当作生命力与体格的和谐、美感享受、自信心、个人表现与情绪体验的基本源泉。因此，把一个人在体力、智力、情绪、伦理各方面的因素综合起来，使其成为一个完善的人，这就是教育的基本目的。[①]

[①] 联合国教科文组织国际教育发展委员会：《学会生存——教育世界的今天和明天》，北京：教育科学出版社，1996，195页。

联合国教科文组织的文件中说：教育必须为变化做好思想准备，使人民知道如何接受这些变化并从中得到好处，从而培养一种能动的、非顺从的、非保守的精神状态。同时，教育必须在纠正人与社会缺点的过程中发挥作用。公民教育必须能够对现代世界中的各种挫折、非个人化和相互疏远的情况提出补救的办法，并通过通识教育减轻人们的不安全感和增加职业的流动性。①

爱因斯坦写过一篇《培养独立思考的教育》的短文，他说：用专业知识教育人是不够的。通过专业教育，他可以成为一种有用的机器，但是不能成为一个和谐发展的人。要使学生对价值有所理解并且产生热烈的感情，那是最基本的。他必须获得对美和道德上的善有鲜明的辨别力。② 对于个体来说，教育应该是终身教育。

21世纪的竞争是人才的竞争，人才竞争的基础是教育。

文化教育具有以下功能。

第一，选择功能，包含两个方面：一是人对文化教育的选择；二是文化教育对人的选择。

第二，认知功能，体现在几个方面：一是对以器物为代表的物质世界的认识和识别，知道世界是什么；二是对习俗、行为规范的认知、了解和掌握，知道世界运作的规则；三是认识、学习和掌握精神文化创造的能力，知道怎样去创造世界。

第三，塑造功能，不同的文化教育塑造了不同的人格特征。文化教育的差异结果体现为个体的差异，在不同环境下进行不同内容的文化教育，导致不同的结果。

第四，创造功能，通过文化教育，培养具有一定知识和技能的人，并使其具有一定的创造能力，推动文化的创新和发展。

---

① 联合国教科文组织中文科译：《教育——财富蕴藏其中》，北京：教育科学出版社，1996，138页。

② 《爱因斯坦文集》，第3卷，北京：商务印书馆，1979，310页。

社会现代化,首先要求人的现代化,只有培养真正具有科学素养和人文素养、具有极大竞争力的国民,并升华为一种民族追求、民族精神,才能真正实现中华民族的伟大复兴。

五、文化与艺术

文化与艺术密切相关。艺术是一种文化形式,是人们以象征性符号形式创造出某种艺术形象的精神性实践活动。文化是相对于经济、政治而言的人类全部精神活动及其产品,包括文学、艺术,等等。艺术是一种精神文化,对社会和人们的精神有着不可替代的影响。艺术源于生活,受文化启迪,使文化内容与形式更显高雅脱俗、意义非凡。

艺术作为一种文化创造物,它以艺术品的形式展现出来,如音乐、绘画、雕塑、建筑、舞蹈、手工艺、口头艺术等。音乐作为一种文化符号具有其他形态不可替代的文化意义。绘画是把人类的世界形象化的表达方式,形成许多不同的风格、流派和技法,传达出不同时代、不同地区、不同种族的画家对世界的感受和审美的文化意义。舞蹈是通过身体的各种动作、肢体的舞动来表达情感和内心世界、传达精神文化的,它的符号意义具有形象和抽象相结合的特点。建筑作为一种固态的物质文化形式,不仅实用,而且包含一定的文化内涵。文化的多样性促成了艺术中美的形态多样化。

文化包含艺术,艺术丰富文化。文化是载体,艺术是表现形式。文化是艺术的本体,艺术是文化的精品。[①] 文化形态造就艺术形式。艺术不仅与个体的艺术家有关,还反映了一个文化群体的文化价值和人性关怀。任何艺术形态都是在特定的文化形态中得以萌发和成长的。文化环境是滋生艺术的土壤。通过艺术形式和内容,可以了解一类文化

---

① 聂振斌等:《艺术哲学与艺术教育》,北京:北京大学出版社,2015,120页。

或一个民族是如何看待和安排他们眼中的世界的，是如何在历史中造就他们独特的文化形态的。文化的倾向性常常可以通过艺术的手法表现出来。

艺术具有重要的文化功能，体现出自身的独特价值和文化地位。

第一，艺术是具有代表性的被压缩提炼的文化。艺术中存在着对人类普遍的象征性能力的创造性运用，并且表达得更加丰富和深刻。不同的艺术形成有各自独特的文化符号。艺术形象为生活增添了更多的文化意义。艺术使作品的主题和表现形式对一定时期的文化发展产生深刻的影响。

第二，艺术在社会与文化中起到增强凝聚力和团结的整合作用。艺术是赋予一定意义的文化符号，如音乐具有强烈的感染力，能增强文化认同感，加强整个社会的聚合力。艺术认知具有跨文化的普遍性。

第三，艺术与其他文化形式之间有着密切联系，如哲学、伦理、宗教、科学、教育等，它们共同作为文化系统的组成部分，为社会历史和现实需求服务。艺术受不同文化价值观的影响，又不限于具体的文化形式，使不同文化更好地融合和交流。艺术在人类文化价值系统中具有永恒的价值。

六、文化与宗教

宗教是一种人类独有的、古老的文化现象，也是人类社会发展到一定程度的历史产物。从本质上来看，宗教是人们对于超自然、超人间力量的神灵（或神圣物）的信仰和崇拜，是一种文化形态。

早在古希腊时期，人们就开始观察宗教现象，注意各民族的宗教差异。欧洲文艺复兴运动以后，人们对宗教的认识有了新的发展。到19世纪下半叶，西欧各国兴起研究宗教的高潮。

从广义上看，宗教不仅指那些在全球范围内具有较大影响力的制度性宗教，如基督教、佛教、伊斯兰教等，还包括渗透着超自然力量信仰的思维、心理与行为，如泛灵信仰、图腾崇拜、民间信仰、巫术仪式等。宗教并不是孤立于人类的文化系统，而是与人类文化生活中的政治、经济、教育、艺术、生态等紧密联系在一起的。艺术与宗教在历史上如同携手并进的孪生兄弟。宗教不仅为艺术提供题材，还经常扮演艺术生产的组织者。艺术不仅表现宗教的内容，而且借助宗教的力量壮大自身。

宗教学研究宗教的起源、演化、性质、规律、作用等，主要分支包括：宗教历史学和宗教人类学（以研究宗教历史、宗教结构形态及宗教文化为中心）、宗教心理学（以研究信仰主体的个人经验、心理特征为主）、宗教社会学（以研究宗教信仰的社会环境为中心）。

著名的宗教哲学家和文化史学家道森认为，宗教并非一种抽象的意识形态，它不仅是一种古老的精神资源，而且是一种绵延历史的文化传统与潜移默化的文化习俗。

七、文化与生态

人类依存于一定的生态环境。文化与生态、人类生活紧密相连。

生态，亦即自然生态，指生物之间以及生物与环境之间的相互关系和存在状态。生物多样性包括生态系统的多样性、物种的多样性和遗传的多样性。多种多样的生物对维护生态平衡、保护生态环境有着不可替代的作用。

生态系统中的能量流和物质循环在没有受到外力的剧烈干扰的情况下总是平稳地进行着，生态系统的结构也保持相对的稳定状态，这就是生态平衡。生态平衡最明显的表现就是系统中的物种数量和种群规模相对平稳。它是一种动态平衡，表明生态系统具有自我调节和维持平衡状态的能力。当生态系统内部要素出现变化，如某个物种的数量急剧减少，可能使生态系统的内部稳定或平衡状态被打破。经过平衡—失衡—再平衡的无数个动态发展循环过程，生态系统实现着自己的目的，完成新陈代谢，推动着自身的进化。

人类是自然生命系统的一部分，与其他生命形式相互依存，相互制约，不可分离。人与自然的关系制约着人与人、人与社会的关系。人类以文化的方式生存，文化不能反自然。文化与自然的辩证统一，就是人类生存的本质。人受自然法则的约束，人类享受物质生活、追求自由和幸福的权利，只能限制在环境承载能力许可范围之内。

自然生态有着自在自为的发展规律。人类把自然生态纳入人类可以改造的范围之内，就形成了文明。生态文明作为一种新的文明形态，是人们基于对工业文明弊端的反思，而提出的一种力图实现人口、资源、环境之间协调发展的文明范式。生态文明概念的提出基于生态学的基本观点，在一个独立的生态系统中，所有生命存在和非生命存在都有着极其重要的作用。

生态文明观认为，不仅人是主体，自然也是主体；不仅人有价值，自然也有价值；不仅人依靠自然，所有生命都依靠自然。人类必须尊重自然，保护自然，维护生态平衡。

生态文明观以生态伦理为价值取向，以工业文明为基础，以信息文明为手段，把以当代人类为中心的发展调整到以人类与自然作用为中心的发展上来，从根本上确保当代人类的发展及其后代可持续发展的权利。

狭义的生态文明，是就人与自然的关系而言的，着眼于保护自然生态环境，与自然和谐相处，侧重点在环境保护和经济形态方面。

广义的生态文明，是在农业文明、工业文明之后的社会文明形态，包括人与自然的关系、人与社会的关系、人与人的关系等方面，强调共生共存、全面的和谐。

生态文明是基于改善和优化人与自然的关系，建设科学的生态运行机制和良好的生态环境支撑的物质、精神、制度方面积极成果的总和。

生态文明的核心是人与自然和谐的价值观在经济社会发展中的落实及其成果的反映，倡导尊重自然、保护自然、合理利用自然，主动开展生态建设，实现生态良好、人与自然和谐。

1954年，人类学家斯图尔特（J.Steward）首先提出"文化生态学"概念：文化生态学是以人类适应环境的过程为研究对象的。它的主要问题是，确定这些适应是否引起社会内部的变革或进化性变迁。文化生态学是在结合其他变迁过程的同时来分析这些适应的。这一研究方法要求对社会群体和社会机构内部的相互作用进行考察。文化生态学用生态学的观点来审视人与自然、社会环境的关系，从人类生存的自然环境和社会环境中各因素的作用来研究文化的发生、发展和变革。生态系统中生物界和非生物界环境因素的变迁取决于人类的文化因素，特别是开发利用自然资源的科学水平和技术装备，而生态环境的演变也对人类文化发展趋向产生了不可估量的影响。

"人类文化生态论"等强调人们的生态环境观、价值观等文化因素对生态环境的特殊作用，特别是观念对人自身行为的支配是环境变化的重要因素。生态环境系统的变化受到人们的文化与经济活动的深刻作用，它们之间紧密相连、共同制约、共同变化。文化地理学派、文化圈学派都研究地理环境与文化发展的关系。

生态文化是人与自然和谐共存、协同发展的文化，是21世纪人类面对诸多生存危机所做出的新的生存方式和价值取向，也是一种人类尊重自然、顺应自然，在发展中实现自我反省、自我调节的生态觉醒和社会适应。生态文化是人与自然和谐的先进文化。

生态文化是以人为主体、与自然密切相关的文化，是人类在与自然交往过程中，为适应自然环境、维护生态平衡、改善生态环境、实现自然生态文化价值、满足人类物质文化与精神文化需求的一切活动与成果。生态文化是同反映人与人关系的社会文化或人文文化概念相对应的一种新的文化形式和文化观念，又是21世纪人类克服生存危机的新的文化选择。

生态文化价值取向在于始终保持人与自然之间的相互关系处于一种全面、和谐、协调、可持续性的发展状态。生态文化价值取向是指以关爱自然，珍惜资源，改善生态，促进人与自然和谐共存为核心价值观一种优势观念形态，是"自然的人格化与人格化的自然"实现最佳融合的一种文化选择。生态文化价值取向具有推进绿色评价、唤起生态觉醒、伸张公平正义、调节行为等定向功能。人对自然的一切"进退取舍"，包括资源、环境和生态系统的保护和破坏，取决于人的观念和行为，即生态文化价值取向。

生态关怀与人文关怀具有内在一致性，共同代表着人类生存和发展的需要。人文关怀的核心就是关怀人和社会；生态关怀的核心则是生态系统的和谐与平衡，也就是关怀人、社会和生态环境的协调发展。生态关怀既包含人文关怀，又高于人文关怀。人和人类社会都是地球生态系统的组成部分，人和人类社会的生存和发展，在很大程度上取决于地球生态系统的状况，特别是取决于地球生态系统的平衡状态。生态关怀是人文关怀的发展和升华，关怀生态就意味着关怀人本身，意味着关怀整个人类和整个社会的前途和命运。[①]

从生态文化的本质属性看，它既是生态生产力的客观反映和人类文明进步的结晶，又是推动社会前进的精神动力和智力支持，并渗透于社会生态的各个领域。

生态文化是培植生态文明的根基。确立生态文化理念，弘扬和传播生态文化，将推进生态文明建设。生态文明建设实践，又丰富了生态文化的时代内涵。生态文化和生态文明理念深刻融入和全面贯穿于经济建设、政治建设、文化建设、社会建设各方面和全过程。生态文化

[①] 参见詹颂生：《科技时代的反思——现代科技的负面作用及其对策研究》，广州：中山大学出版社，2002，142页。

是生态文明时代的主流文化，为生态文明建设提供强大精神动力、智力支持、行为依据和制度保障。

八、文化与文明

文化与文明是两个相互关联的概念，但又有各自的意义。

一般来说，文明指人类一定发展阶段所形成的历史形态，包括了文化的基本构成。文化是一定文明的具体存在模式，是文明形态的实践方式。可以说，文化是具体的、感性的实践行为和意识形态，文明是概括的、总体的、历史的形态。当然，这只是相对的区分，二者之间的相互联系与相互重合的部分，要远多于它们所表现出来的差异。

文化与文明相通，但有一定的区别。康德指出，文明是外在的，文化是内在的；文明是看得见的，或者说是做出来给人看的，文化是精神深处。18世纪欧洲启蒙思想家认为，文明是一种有文化的社会状态，与野蛮相对立。

钱穆说：大体文明文化，皆指人类群体生活言。文明偏在外，属物质方面，文化偏在内，属精神方面。故文明可以向外传播与接受，文化则必由其群体内部精神累积而生。[1] 如果说文明是指人类借助科学技术等手段来改造客观世界，通过法律、道德等来协调群体关系，借助宗教、艺术等形式来调节自身情感，从而最大限度地满足基本需要、实现全面发展所达到的程度；那么，文化则指人在改造客观世界、协调群体关系、调节自身情感过程中所表现出来的时代特征、地域风格和民族样式。[2]

---

[1] 钱穆：《中国文化史导论》，北京：商务印书馆，1994，1页。
[2] 参见陈炎：《"文明"与"文化"》，载《学术月刊》，2002（2）。

（一）文明的界定

2000多年前的《周易·乾·文言》中有："见龙在田，天下文明。"唐孔颖达疏说：天下文明者，阳气在田，始生万物，故天下有文章而文明也。

《贲卦》说："文明以止，人文也。"孔颖达疏说：文明，离也，以止艮也。用此文明之道，裁止于人，是人之文德之教。

《周易·大有》中说："其德刚健而文明，应乎天而时行，是以元亨。"

《尚书·舜典》中说："睿哲文明，温恭永塞。"意为国家和社会面貌的开化、光明，富有文采。《尚书古文疏证》解释说：经天纬地曰文，照临四方为明。

文明在中国文化中，指的是一种进步状态，与蒙昧相对；是一种文雅意味，与野蛮对照。

梁启超在《文明之精神》中说：文明者，有形质焉，有精神焉，求形质之文明易，求精神之文明难。

孙中山说：实际则物质文明与心性文明相待，而后能进步。

陈炎指出，人作为一种"类存在"，至少具有使用和制造工具（包括一切科技手段）、依赖和凭借社会关系（包括一切社会制度）、渴望和追求情感慰藉（包括一切精神享受）这三个基本特征。唯其如此，人类才可能有对真的探索、对善的追求、对美的创造。可以说，人类文明有着统一的价值标准。换言之，人类要满足自身的基本需求，实现自身的全面发展，就必须进行真的探索、善的追求、美的创造。人类要进行真、善、美的探索、追求和创造，就必然会面临着人与自然、人与社会、人与自身之间的重重矛盾。所谓文明，就是人类在克服这些矛盾的努力中所达到的历史进度；文明的尺度，正是马克思主义有关生产力和生产关系、经济基础和上层建筑的综合尺度。①

在西方,"文明"(civilization)一词来源于拉丁文"civil""civilis",原意指在城市享有合法权利的公民。文艺复兴时期,西方社会把当时由封建神权、习俗向新兴资产阶级思想文化和社会习俗的演变称为"civiliser",即公民化过程。到18世纪法国大革命时期,人们把体现资产阶级大革命的新的文化气象称为"civilization",即"公民化"的文化,包含"公民的、国家的、社会的"意义,表示国家、社会的进步状态。

美国人类学家摩尔根在《古代社会》中认为文明发生的标志是:阶级(宫殿或贫富)、金属工具、文字;他认为古代文明的成就与标志是:出现了城市、贸易、简单机械、学校、科学、立宪君主制、国际法、成文法等。他提出了"文明时代"的概念。

美国历史学家斯塔夫里阿诺斯指出:文明一词的含义,确切地说,究竟是指什么呢?人类学者指出了将文明与新石器时代的文化区别开来的国家的政治权力,纳贡或税收,文字,社会分为阶级或等级,巨大的建筑物,各种专门的艺术和科学,等等。人类文化包括工具、衣服、装饰品、制度、语言、艺术形式、宗教信仰和习俗。所有这一切使人类能适应自然环境和相互间的关系。②

美国人类学家克拉克洪提出文明出现的三个表现是:(1)存在一系列至少有5000人的永久性城镇、集镇或城市;(2)已发明、使用文字;(3)已有纪念性的公共建筑和进行礼仪庆典活动的中心场所。

日本的福泽谕吉在《文明论概略》中说:文明就是指人的安乐和精神的进步。所谓文明是人的身体安乐,道德高尚;或者说衣食富足,品

---

① 参见陈炎:《"文明"与"文化"》,载《学术月刊》,2002(2)。
② 斯塔夫里阿诺斯:《全球通史》,上册,上海:上海社会科学院出版社,1992,105、68页。

质高贵。①

日本的岸根卓郎在《文明论——文明兴衰的法则》中认为，传播知识的过程就是文明。文明应该解释为语言和文字被人们感觉和记忆、被积累和客观化，由特定的个人向其他的个人传递，向客观的知识体系发展的过程②。

法国史学家基佐认为，文明就像海洋，它构成一民族的财富，该民族的生命的一切要素、支持它存在的一切力量，都集中并团结在它的内部。

沃勒斯坦把文明定义为：世界观、习俗、结构和文化（物质文化和高层文化）的特殊连接。它形成了某种历史总和，并与这一现象的其他变种（即使不总是同时）共存。

文明可划分为不同的阶段。

有人按照人类在地球上生活的年代来划分文明：古代文明从人类起源到新石器时代开始，即从公元前15000年到公元前8000年；中世纪文明从新石器时代到文明黎明时期（大约公元前3500年）；从中世纪到开始工业革命的公元1750年称为近代文明。

有人把西方文明划分为四大主要时期：古代文明（约公元前3500—公元500年），中世纪文明（公元500—1500年），近代文明（1500—1900年），当代文明（1900年至今）。

法国学者孔德提出，西方文明过去经历了两大阶段：宗教—军事阶段，即从有史记载到罗马帝国灭亡的阶段；形而上学—法律阶段，延续到了孔德所处的时代；而人类正在过渡到第三阶段。

有人以人类生产方式的变迁来对文明进行分期，如"游牧文明""农业文明""工业文明""信息文明"。

---

① 福泽谕吉:《文明论概略》，北京：商务印书馆，1982，32-33页。
② 岸根卓郎:《文明论——文明兴衰的法则》，北京：北京大学出版社，1992，9页。

从社会形态划分，有"原始文明""奴隶社会文明""封建社会文明""资本主义文明""社会主义文明"。

（二）文明与文化的联系和区别

文明是文化的对象化、外在化，是文化的实现。文明具有正面的、肯定的、积极的含义，而文化既具有正面价值，又存在负面价值。

文化与文明的关系是相对的，也是互相包容的。

胡适说，文明是一个民族应付他的环境的总成绩，文化是一种文明所形成的生活方式。而一种文明的造成，必有两个因子：一是物质的，包括种种自然界的势力与质料；一是精神的，包括一个民族的聪明、才智、感情和理想。凡文明都是人的心思智力运用自然界的质与力的作品。没有一种文明单是精神的，也没有一种文明单是物质的。

英国史学家汤因比在《历史研究》中说：文明乃是整体，它们的局部彼此相依为命……在这个整体里，经济的、政治的和文化的因素都保持着一种非常美好的平衡关系。[①] 他认为文明是社会的整体。

美国的杜兰在《世界文明史》中说，文明是增进文化创造的社会秩序，它包含四大因素：经济的供应、政治的组织、伦理的传统以及知识与艺术的追求。

德克海姆和毛斯认为，文明是一种包围着一定数量的民族的道德环境，每一个民族文化都只是整体的一个特殊形式。

美国学者亨廷顿在《文明的冲突与世界秩序的重建》中说：文明和文化都涉及一个民族全面的生活方式，文明是放大了的文化。文明是一个最广泛的文化实体。乡村、宗教、种族群体、民族、宗教群体都在文化异质性的不同层次上具有独特的文化。[②]

---

① ［英］阿诺德·汤因比：《历史研究》，上海：上海人民出版社，2010，463页。
② 亨廷顿：《文明的冲突与世界秩序的重建》，北京：新华出版社，1998，24-26页。

法国史学家布罗代尔认为，文明是一个空间、一个"文化领域"，是文化特征和现象的一个集合。他认为文明包括：（1）文化场：某些文化在特定场所的存在集合和汇聚构成文化特征，包括中心、核心、边界、边缘，亦即所谓"文化圈"。（2）借鉴：文明之间既有输出，又有借鉴。一些文明善于吸收，另一些文明愿意输出，这种大规模的交流从未停止过。（3）拒绝：并非所有交流都十分顺利，某些思想方式、信仰方式或生活方式，或者某种劳动工具，可能被别的文明拒绝或接受。文明的传播是判断文明的特点与活力的最好试金石。[①]

著名人类学家列维·斯特劳斯说：实际上文明只能在所有文化的同生共在和多样性中生存。因此，世界文明所代表的是世界范围内所有文化的共同繁荣，每种文化都要保持它的本来面目。[②]

文化与文明可以从以下几个方面来区别。

从时间上看，文化比文明早。

文明的纵向历史比文化短得多。原始社会就有了文化，而当人类进入阶级社会之后才出现了文明。文明开始于文字的使用、金属工具的出现、国家的形成等，人类开始文明时代至今只有七八千年的历史。而人类语言的发生标志着文化的开端，已有250万年的历史。文明是人类文化发展的一定阶段出现的。

1871年，英国的泰勒认为文明是人类文化发展的特定阶段，是文化演进中的一定时期，是文化中的亚文化。原始文化发展到一定阶段才有文明的出现。高级的文化才可称为文明。

德国史学家斯宾格勒在《西方的没落》中说：文明是文化不可避免的命运……是一种发达的人类能够达到的一些最外部和人为的状态……是一个从形成到成熟的结局。文化和文明——前者是一个灵魂的

[①] 转引自陈钦庄等：《世界文明史简编》，杭州：浙江大学出版社，2000，3页。
[②] 转引自联合国教科文组织、世界文化与发展委员会：《文化多样性与人类全面发展——世界文化与发展委员会报告》，广州：广东人民出版社，2006，8页。

活生生的形体，后者却是灵魂的木乃伊。①他认为文明是文化的僵死的、没落阶段。

道森认为，文明是一个特定民族发挥其文化创造力的一个特定的原始过程的产物。

从空间上看，文明有地域性。

英国史学家汤因比认为文明是介于世界与国家之间的概念，古代有六个文明母体：埃及文明、苏美尔文明、米诺斯文明（克里特文明）、玛雅文明、安第斯文明、中国文明。他没有把印度文明包括进去。他认为世界曾经存在过23个文明体，将文明看成生命一样的东西。

英国剑桥大学教授丹尼尔认为最古老的文明有六个：埃及、两河流域、印度、中国、墨西哥、秘鲁。

荷兰考古学家法兰克福认为世界上真正独立形成的文明有三个，分布在两河流域、中国、中南美洲。

我国学者一般认为上古有四大文明古国：中国、希腊、埃及、印度。

美国现代文化史学家菲利普·巴比格提出人类文化史上共有九种主要文明，分别为：埃及、巴比伦（或称美索不达米亚，包括从苏美尔到新巴比伦等一系列亚文明）、中国、印度、雅典（包括希腊和罗马两个独立文明）、秘鲁、中美洲（包括阿兹特克、奥尔梅克和玛雅等亚文明）、西欧（起始于10—11世纪）、近东（包括自犹太和波斯到东罗马和伊斯兰等亚文明）。他还提出了"边缘文明"和"次级文明"的概念。

从地域角度看，文明与文化圈概念有些类同。

从内容和形式上看，文明为内，文化为表。

文化存在于有人的一切地方。有人说，文明特指物质形态化了的文化，即与精神文化相对而言的物质文化和物质化了的精神体系。文明主要是指文化成果中的精华部分。

---

① 斯宾格勒:《西方的没落》，哈尔滨：黑龙江教育出版社，1998，255页。

德国历史哲学家狄尔泰认为，文化体系是宗教、艺术、科学这类具有理想性、精神性价值观的高级境界，而文明属于如技巧、工艺等具体的、较低层次的概念。

文明是文化的内在价值，文化是文明的外在形式。文明的内在价值通过文化的外在形式得以实现，文化的外在形式借助文明的内在价值而有意义。一般来说，文明的内在价值通过文化的外在形式体现出来，而文化的外在形式之中又包含着文明的内在价值。①

文明是内容，文化是载体。文化是文明的载体。保持住这个载体，文明就能延续；丢掉这个载体，文明就会消失。

从性质上看，文明是进步状态。

文化有积极的和消极的、正面的和负面的、优秀的和丑陋的之分。而文明是指进步的状态，是人类不断从蒙昧向开化、从低级到高级、从野蛮向文雅的发展过程。

泰勒说：文明的各种程度可看作发展或进化的阶段，即各个阶段既是过去历史的结果，同时又确实在形成未来历史方面发挥着固有作用。恩格斯说：文明是个历史概念，文明是和蒙昧、野蛮相对立的，是人类历史发展到一定阶段的进步状态。②

文明是文化中的积极成果，是人类在实践中创造的精华和财富。文化中的积极成果作为人类进步和开化状态的标志就是文明。人类文明是以进步文化为基础的，没有进步文化的发展就不会有文明的发展。

总之，文化创造文明，文明推动文化。

文化中有文明，文明中有文化。

文化与自然相对，文明与野蛮相对。

文化强调生活方式，文明强调积极成果。

---

① 陈炎：《"文明"与"文化"》，载《学术月刊》，2002（2）。
② 恩格斯：《家庭、私有制和国家的起源》，北京：人民出版社，1972。

文明具有正面的、肯定的、积极的含义,而文化既具有正面价值,又存在负面价值。

文明是文化的对象化、外在化,是文化的实现。

(三)文明发展体系

文明是人类创造的成果,是同野蛮和愚昧相对立的范畴,是人类改造世界的物质成果和精神成果的总和,是社会发展中各种相互关系的高级属性和积极特征的复合体系,是社会进步和人类开化状态的标志。

对文明的认识,是一个不断深化的过程。我国区分物质文明和精神文明的,提出"两手抓,两手都要硬"。后来提出"政治文明",主要是着眼于制度层面。党的十七大提出"生态文明建设"。笔者认为,还应加上对社会文明和人的文明的认识,才是一个完整的文明体系。物质文明、政治文明、精神文明、社会文明、生态文明和人的文明这"六大文明"共同构成文明体系。这六个方面各有自己的规定性,又是相互联系的,共同构成一个有机系统整体。

1. 物质文明——经济富强

物质文明主要体现为人类创造的物质财富,为人们提供衣、食、住、行等基本物质条件。物质文明是一切文明的基础。人们的社会物质生活决定着人们的社会政治生活和社会精神生活。实现未来经济发展目标,必须确立可行的发展观念,完善社会主义市场经济体制,促进国民经济又好又快发展,使物质文明成果不断涌现,经济实力显著增强,人民生活水平大大提高,实现国富民强的目标。

发展科学技术,提高自主创新能力,建设创新型国家;加快转变经济发展方式,推动产业结构优化升级;推进工业、农业、信息业、服务业的发展;统筹城乡发展,推进社会主义新农村建设;设置不同的功能规划区,优化国土开发格局,推动区域协调发展;完善基本经济制度,健全现代市场体系；深化财税、金融等体制改革，完善宏观调控体系；拓展对外开放广度和深度，提高开放型经济水平，提升国家的竞争力。

2. 政治文明——政治民主

政治文明是人类政治生活领域的文明成果，包括民主、公平、平等、公正、正义、法治等基本价值。现代人不仅是会使用工具、能思考的动物，也是"政治动物"，不能没有政治生活。政治体制改革是我国全面深化改革的重要组成部分。必须坚持正确政治方向，扩大社会主义民主，建设社会主义法治国家，发展社会主义政治文明。

扩大人民民主，保证人民当家做主；发展基层民主，保障人民享有更多更切实的民主权利；全面落实依法治国基本方略，加快建设社会主义法治国家；壮大爱国统一战线，团结一切可以团结的力量；切实推进政治体制改革，加快行政管理体制改革，建设服务型政府；完善制约和监督机制，保证人民赋予的权力始终用来为人民谋利益。

3. 精神文明——文化繁荣

精神文明是社会文明的重要标志。精神文明是人类精神财富的显现，主要表现为理性、智慧、宽容，享有丰富多彩的精神生活。文化越来越成为民族凝聚力和创造力的重要源泉，越来越成为综合国力竞争的重要因素。文化和谐是社会和谐的基础。文化繁荣是社会进步的一个标尺。

要努力建设社会主义核心价值体系，增强社会主义意识形态的吸引力和凝聚力；建设和谐文化，培育文明风尚；弘扬中华文化，建设中华民族共有的精神家园；推进文化创新，增强文化发展活力。把坚持马克思主义理论指导与弘扬中国优秀传统文化结合起来，吸收世界上一切优秀文化成果，在世界多元文化体系中，保持民族文化的独特性，同时根据新的时代要求创造新的文化。

4. 社会文明——社会和谐

社会文明是整个社会具有崇高的社会风尚、健全合理的社会体制和机制,形成了整体的文明状态。广义的社会体制改革包括政治体制改革、经济体制改革、文化体制改革和公共行政体制改革等,这是一个复杂的、巨大的社会系统工程。应注重各个方面的协调发展、互相配合、整体配套。和谐社会是人们的追求和向往。物质文明是社会发展的物质基础和前提条件,政治文明是社会发展的组织框架和制度保障,精神文明是社会发展的思想指导、灵魂和智力支撑,广义的社会文明是这几个文明的总称,狭义的社会文明主要指社会制度和社会行为的文明。

必须完善社会管理,关注和鼓励社会民间组织的发展,维护社会安定团结;深化收入分配制度改革,增加城乡居民收入;加快建立覆盖城乡居民的社会保障体系,保障人民基本生活,关注和扶持弱势群体;建立基本医疗卫生制度,提高全民健康水平;培育企业和社会团体的社会责任意识;在社会公共领域形成良好的社会风气,加强社会道德、公民道德建设。

5. 生态文明——生态良好

生态文明在狭义上是就人与自然的关系而言的,着眼于保护自然生态环境,与自然和谐相处,侧重点在环境保护和经济形态方面,是社会发展的资源支撑和环境条件。广义的生态文明,是在农业文明、工业文明之后的社会文明形态,包括人与自然的关系、人与社会的关系、人与人的关系等方面,强调共生共存、全面的和谐。

生态文明建设,包含保护生态环境、发展生态产业、推行循环经济、实行合理消费、坚持文明行为、确立和谐关系、建设生态社会、开展国际合作等方面。基本形成节约能源资源和保护生态环境的产业结构、增长方式、消费模式。加强能源资源节约和生态环境保护,增强可持续发展能力;循环经济形成较大规模,可再生能源比重显著上升。主要污染物排放得到有效控制,生态环境质量明显改善。生态文明观念在全社会牢固树立。

6. 人的文明——人全面发展

人是社会历史的主体，也是社会主义建设的主体力量，是文明的创造者，人的全面发展是发展的目的。人的文明包括精神文明、行为文明、仪表文明、语言文明等。以人为本，就要以人的经济需要和生活需求为目的来确定经济发展的目标，以人的政治需要和民主发展为目的来确定政治发展的目标，以人的文化需要和精神需求为目的来确定文化发展的目标，以人的生态需要和体质健康为目的来确定生态文明建设的目标。推进人的全面发展，同推进经济、政治、文化的发展和改善人民物质文化生活，是互为前提和基础的。人的全面发展与社会全面发展是同向同轨的，是同一个过程。全面发展的社会有利于培养全面发展的人，全面发展的人能有力地推动社会的全面发展。

优先发展教育，进行素质教育，建设人力资源强国；不断深化干部人事制度改革，着力造就高素质干部队伍和人才队伍；加强反腐倡廉建设，端正党风、政风和民风；加强学习，建立健全培训制度，改进学风和文风；提高人的素质，培养文明的人，努力实现人的全面发展。

上述文明子系统相互依存和支持，不可或缺，任何一种文明出现滞后或失调都会导致整体的失调。这六大文明之间是密切相关、互有交叉的，任何一个方面都与其他方面息息相关，绝不可片面地理解，在实践中也无法割裂。

社会是由人组成的，围绕着满足人的需要、实现人的目的，形成了经济活动、政治活动、文化活动和社会活动，其积极的、进步的成就的总和就是物质文明、政治文明、精神文明和社会文明。生态文明立足于人与自然的关系，着眼于人与社会、人与人的和谐，强调共生共存、全面的和谐。

现有的理论表述在涉及"建设""文明""发展"时存在着不相对应的状况。

构建社会主义和谐社会的总体布局，包括经济建设、政治建设、文化建设和社会建设，这是从社会主义建设的类型方面进行规定和部署。讲到社会主义文明成果时，则从物质文明、政治文明、精神文明、生态文明四个方面进行规定和部署。这样，"四大建设"与"四大文明"不相对应，有"社会建设"而无"社会文明"，有"生态文明"而无"生态建设"，而且，它们与全面建成小康社会奋斗目标的五个新要求也不相对应，"四大建设"中缺乏小康社会的生态文明方面的规定，"四大文明"中缺乏小康社会的社会文明的要求。而且，没有明确对人力建设、人的文明、人的发展的关注，也缺乏对"生态建设""生态发展"的要求。

2008年9月19日，胡锦涛在中央党校举行的全党深入学习实践科学发展观活动动员大会暨省部级主要领导干部专题研讨班开班式上的讲话中提出全面推进社会主义经济建设、政治建设、文化建设、社会建设和生态文明建设，全面推进党的建设的伟大工程。[①] 这实际上包含六个方面，从经济建设、政治建设、文化建设、社会建设、生态文明建设和党的建设（可以归入人力建设）方面进行部署。从发展的内容来看，包括经济发展、政治发展、文化发展、社会发展、生态发展、人的全面发展等，对应着物质文明、政治文明、精神文明、社会文明、生态文明和人的文明。这六个方面，一个都不能少，缺少任何一个都不完整。学习实践科学发展观，就应从这六个方面去把握。

从逻辑结构上看，形成如下的对应关系：

发展层面	建设领域	文明状况	奋斗目标
经济发展	经济建设	物质文明	经济富强
政治发展	政治建设	政治文明	政治民主

---

① 胡锦涛：《在中央党校举行的全党深入学习实践科学发展观活动动员大会暨省部级主要领导干部专题研讨班开班式上的讲话》，载《人民日报》，2008-09-19。

文化发展——文化建设——精神文明——文化繁荣
社会发展——社会建设——社会文明——社会和谐
生态发展——生态建设——生态文明——生态良好
人的发展——人力建设——人的文明——人自由全面发展

这样，在逻辑上有清晰的对应关系，形成一个相互联系的完整的体系。

从文明体系的建设角度来看，科学发展观是包含物质文明、政治文明、精神文明、社会文明、生态文明以及人的文明建设的观念体系，也可以说是一个文明发展的体系。

科学发展观内在地包含着文明发展的含义。人们最初是从物质文明和精神文明两个方面去认识文明的。物质文明主要体现为人类创造的物质财富，为人们提供衣、食、住、行等基本物质条件。精神文明是社会文明的重要标志，是人类精神财富的显现，主要表现为理性、智慧、宽容，享有丰富多彩的精神生活。政治文明是人类政治生活领域的文明成果，包括民主、公平、平等、公正、正义、法治等基本价值。政治文明的提出，表明从政治、制度方面加深了对文明的认识。面对着生态危机，要求确立生态文明的观念。物质文明、政治文明、精神文明、生态文明，加上社会文明和人的文明，才是一个完整的文明体系。

之所以突出社会文明、生态文明、人的文明，是为了更系统、全面地认识，也更有利于现实实践。

但是，在现实中，却存在以下不相协调的状况。

物质文明：经济发展与思想道德建设、科学文化发展以及社会事业不适应，物质条件落后制约着精神文明的程度；经济国际化水平与政治国际化程度差距过大；等等。

精神文明：科学文化事业与思想道德建设不能有效满足经济社会的发展和人民的精神生活的需要；科学技术创新能力不足，影响着国家的政治现代化水平与国际政治的影响力；国民的民主法制观念、思想道德素质同现代政治文明应有的水平有很大差距；公众的环境道德意识、生活态度和消费价值观不符合生态文明的要求。

政治文明：政治体制改革滞后于经济体制改革，民主法制的建设与政府职能的转变落后于市场经济的进程，法治建设有待完善；政府解决自然灾害、应对突发性生态危机的能力不足。

社会文明：缺少社会整体文明意识；一些企业缺少社会责任意识，甚至违反行业道德和社会公共道德；政府公共服务职能不适应人民群众日益增长的社会公共需求。

生态文明：在经济发展过程中，自然资源、环境质量和生物多样性的状况急剧恶化，资源日渐枯竭，环境污染严重，面临着生态危机和不可持续的态势；环境立法不够健全、环保执行不力，有的地方政府为了保护地方利益或出政绩而袒护甚至纵容污染行为；生态危机如果得不到有效的遏制，将引发经济危机、社会危机，带来政治风险、安全风险，甚至危及人的生存。

要加快构建生态文明体系，主要包括五个方面：（1）生态文化体系：以生态价值观念为准则。坚持绿色发展，尊重自然，顺应自然，保护自然，促进人与自然和谐发展、人类社会可持续发展。（2）生态经济体系：以产业生态化和生态产业化为主体。生态经济是环保经济、低碳经济、绿色经济、循环经济，要促进经济发展与生态环境的和谐。绿色发展是构建高质量现代化经济体系的必然要求，是解决污染问题的根本之策。（3）生态目标责任体系：以改善生态环境质量为核心。明确目标责任，坚决打赢蓝天保卫战是重中之重，要以空气质量明显改善为刚性要求，强化联防联控，基本消除重污染天气。（4）生态文明制度体系：以治理体系和治理能力现代化为保障。用最严格制度最严密法治保护生态环境，加快制度创新，强化制度执行，让制度成为刚性的约束和不可触碰的高压线。构建自然环境影响评价机制、环境治理修复机制和监督机制等。（5）生态安全体系：以生态系统良性循环和环境风险有效防控为重点。生态环境安全是国家安全的重要组成部分，是经济社会持续健康发展的重要保障。要有效防范生态环境风险，把生态环境风险纳入常态化管理，系统构建全过程、多层级生态环境风险防范体系。

要加快构建生态文明体系，确保到2035年，生态环境质量实现根本好转，基本实现美丽中国目标。把生态文明建设融入中国特色社会主义经济建设、政治建设、文化建设、社会建设之中，全面提升物质文明、政治文明、精神文明、社会文明、生态文明，全面形成绿色发展方式和生活方式，人与自然和谐共生，提升生态环境领域国家治理体系和治理能力现代化水平。

人的文明：有些人缺少公民意识，在语言、行为等方面存在不文明现象，人的素质有待提高；特别是腐败行为严重地腐蚀了社会机体，影响了整个社会的文明程度。

要解决现实生活中的不协调问题，必须把"六个文明"联系起来，积极倡导正面价值，形成昂扬向上的精神风貌和清新明朗的社会风气，促进整体的文明。

总之，应大力推进社会主义经济建设、政治建设、文化建设、社会建设、生态建设和人力建设（六大建设），建设高度的社会主义物质文明、政治文明、精神文明、社会文明、生态文明和人的文明（六大文明），使中国特色社会主义进入一个经济富强、政治民主、文化繁荣、社会和谐、生态良好、人的自由全面发展（六大发展目标）的总体理想状态。

在这个理论认识和实践运行过程中，将经济建设、物质文明、经济富强看作同一序列的上升过程；将政治建设、政治文明、政治民主看作同一序列的上升过程；将文化建设、精神文明、文化繁荣看作同一序列的上升过程；将社会建设、社会文明、社会和谐看作同一序列的上升过程；将生态建设、生态文明、生态良好看作同一序列的上升过程；将人力建设、人的文明、人的自由全面发展看作同一序列的上升过程。这就把措施、状态和目标统一起来考虑，从整体性进行认识，包括理论的整体性（科学发展观的整体性视野）、实践的整体性（中国特色社会主义建设的整体性）、社会的整体性（全面建成小康社会的系统奋斗目标）和理想的整体性（社会全面发展和人的自由全面发展统一），共同构成一个完整的有机整体。

第七章　文化学与其他学科的关系

文化学与许多学科具有亲缘和交叉关系，联系紧密的主要有人类学、民族学、社会学、历史学、哲学、语言学、民俗学、传播学、博物学，等等。文化研究打破了学科界限。现实本身是跨学科的，任何学科的边界都是相对的。人文社会科学的许多重大突破和重大成果都是在多学科交叉处取得的。

一、文化学与人类学、民族学

文化学在相当程度上脱胎于人类学，特别是文化人类学。文化学特别重视人类学的研究成果，并将其作为文化学进一步研究和发展的依据和动力，原因在于文化的发展或进化总是与人类所有形态的发展和进化紧密地结合在一起。对于构建文化学做出了贡献的学者，如泰勒、罗维、克鲁伯、怀特等主要来自文化人类学领域。

人类学就是研究人类的科学，根据人类的体质和文化特征，可将人类学分为体质人类学和文化人类学。体质人类学研究人类的体质结构、群体特征及其形成发展规律。文化人类学是研究不同地区人类文化行为的学科，特别关注人类文化现象及其发生、发展，注重人类创造和传承下来的文化结构、类型、特征，包括习惯、道德、宗教、艺术等。1901 年，美国学者霍尔姆斯（W.H.Holmes）首次提出"cultural anthropology"（文化人类学），用来指代人类学中研究人类文化的部分。相应的研究还有考古人类学、民族志、应用人类学等。

多年来，人类学者主要研究部落民族的自然史，看重各民族间的历史关系（与史前考古学者相连贯），这种文化史的研究被称为民族学。

在英国和美国，民族学只是人类学四大分支中的一类。1946年，美国正式将民族学改为文化人类学。在德国和法国等，人类学只是研究人类体质的部分，民族学是研究民族共同体及其发展规律的学科。目前，人类学和民族学在名称和属性上渐趋一致。

民族学研究范围广泛，包括各民族的历史变迁、经济结构、政治制度、婚姻制度、风俗习惯、宗教信仰、文学艺术、语言文字、道德规范等，强调以民族共同体作为研究的立足点，探讨其在时间与空间中创造出的物质文化和精神文化的总和。

研究民族，必然涉及民族的文化问题。所谓民族，是人们在历史上形成的一个有共同语言、区域、共同经济生活以及表现在共同文化上的共同心理素质的稳定的共同体，是在一定社会历史发展阶段上发展起来的人类群体。民族的形成和出现乃是社会要素和文化要素发展的必然结果。文化，也有一定的民族特征，总是某一个或一些民族共同体的文化。一个民族的文化一旦成为传统，就会对该民族的发展产生巨大影响。对于较复杂的文化形态和文化系统，不同的民族及其文化在其中发挥了重要作用。

一个民族的成员不仅共同参与一种文化制度，而且还共享一种文化制度，逐渐形成该民族共同拥有的文化精神。文化精神既是一个民族共享一种文化制度的结果，又是一个民族区别于其他民族的重要标志。赫尔德认为，每个民族都有特定的民族精神，民族精神是一个民族有机体的最隐秘的表现，是民族特性的根本，它形成于每个民族所赖以生存的特定地理环境并随着各民族历史中不同的时代精神而发展并最终表现在各民族不同的文化当中。

每一个民族的文化，都是在特定的历史条件下，经过许多代人无意识的集体选择而形成、积淀起来的。各民族相互交流和融合，不同程度地从其他民族那里吸纳了若干文化要素，也保留和传承了属于本民族的文化传统。中华民族就是一个多民族的文化复合体，形成"一体多元，多元一体"的格局。

后现代人类学突出强调民族志形式的革新，提倡用"实验民族志"代替以往的现实民族志和阐释主义的民族志。现实中，现代人类学的后现代人类共存一起，处于相互借鉴、相互启发、相互补充的状态。[①]

文化学与人类学、民族学所研究的问题在很大程度上是共同的，方法也能共用。

二、文化学与社会学

文化学与社会学渊源颇深，社会学的许多术语也可用于文化学，"文化"一词也是社会学常用的词语。

社会学研究社会关系、社会结构、社会功能、社会变迁，侧重研究社会组织与社会生活，力图把握社会事件的总体、社会的全貌。社会结构包含文化，社会学自然要研究文化现象。现代社会学倾向于研究现代社会的组织性以及团体性行为。社会学研究的"人"，不是作为个体的人，而是作为一个社会组织、群体或机构的成员，体现了一定的文化特质，社会成员是在共同的、由文化造就的结构化社会中被组织起来的。

文化学关注社会，考察社会现象背后的文化联系、文化结构、文化功能、文化变革，侧重研究人与文化的关系，以便把握人在价值体系中的地位，揭示文化系统的机制和发生、发展的规律。

[①] 参见张连海：《从现代人类学到后现代人类学：演进、转向与对垒》，载《民族研究》，2013（6）。

文化是人类社会的文化，社会是由人类文化构成的社会。对文化的认同是人的社会化的前提和基础，社会化使人学习和接受社会文化，获得了语言、思想、价值观念，适应社会发展。社会化就是文化延续和文化传递的过程，其实质是文化的内化，就是接受世代积累的文化遗产，保持社会文化的传递和社会生活的延续。文化对社会有导向和控制作用，它不仅指导和控制人们的心理、情绪，而且为人们提供价值观念、思想方式、行为规范，使人们按一定文化体系的导向去生活、行动，达到社会控制的目的。

文化一方面从社会体系中抽象出来，成为一个独立的系统，并且抽象出来的越多，它的系统属性越大、越有独立性，而不是附属于社会体系之内；另一方面，文化系统越发达、越进步，也就越能使人类社会脱离野蛮状态而进入文明状态，并且使人脱离血缘关系而成为社会关系中的人，即社会化的人，成为共享一种文化的群体。人类是按照一定的世代积累的文化体系演化的，文化是在各种社会群体的形成、发展及其不断整合的过程中进步的，二者相互依存、相互作用。

美国人类学家克鲁伯在1936年首创"社会文化"（socioculture）概念，认为必须将人类的社会与文化看成只在联合状况下出现的交织、复合在一起的整体才有意义。

文化与社会的关联可以归纳为以下几个方面。

第一，文化是社会的重要组成部分，是社会结构的重要参数。文化是社会中统一的、自我调节的有机体。文化为人类适应社会环境提供手段，为人类谋生和增进幸福提供条件。

第二，社会是指处于特定区域和时期、享有共同文化、按照一定的行为规范而结成的人类生活共同体。社会为人类创造文化提供舞台，为人类生存提供空间和保障。多样性的社会群体产生了多样的文化。不同的民族、社会群体有着自己的文化模式，使社会中的文化表现为多样化的形态和风貌。一个社会中，大小不一的社会群体有着自己的文化模式，使社会中的文化呈现出多样化的形态，例如有"主文化""亚文化""反文化"的区别。

第三，社会形态与文化模式相互影响。不同的社会形态具有不同的文化模式，而二者相互发生影响。人类社会以各种文化要素尤其是社会制度文化为核心纽带。社会因素与文化因素交织在一起，成为一个"社会—文化共同体"。社会形态特征与文化模式类型有着很强的关联性，在一定程度上是相对应的。

第四，社会化是文化传承的主要渠道，保证了文化在代际的习得和延续。文化是人的社会化所不可缺少的中介。初级社会化主要发生在幼年和童年时期，此时期是文化学习的集中阶段。次级社会化发生在儿童阶段晚期一直到成年，学校、社会组织、工作单位、群体、媒体等都成为再社会化的重要机构，人们在其中与他人互动，以获得和强化文化模式的价值观、伦理道德和信仰方式。

第五，社会变迁和文化变迁相互影响和制约。当社会发生变迁时，其中的文化也相应地变化。当文化向另一个阶段发生演进时，社会也做出一定调整。当出现重要文化思潮时，往往预示着社会将发生重大变革。人类文化因必须为社会系统的运转提供能量而生生不息。文化与社会进程交互作用。

第六，文化关注社会与大众。文化研究关注社会现象。公益性文化事业就是公共事业，有些部门既是公共部门又是文化部门，如图书馆、博物馆、展览馆等。语言、民俗、宗教等都是重要的文化现象。文化建设需要大众参与。大众文化，就是大多数社会成员的文化样式，涉及人们社会生活的各个领域。现代社会的传媒工具如电视、广播、报刊、网络等为大众文化传播提供了条件。大众在参与文化的过程中，也在创造和传播文化。

必须把发展文化放到社会发展的战略地位上来认识。现代化发展的最终目标就是文化的发展和人的发展。在社会学视野中，尤有现实意义的是着眼于社会系统来考察其中一个子系统——文化系统。

文化与社会发展水平互动。文化学与社会学相互渗透、交错。

三、文化学与历史学

文化学与历史学联系紧密，又有一定的区别。

历史侧重于时间，历史学纵向考察人类历史事件和人类社会演进过程。文化侧重空间，文化学从广泛的角度、多维视野考察人类历史与社会文化。历史学侧重于历史规律的研究，文化学侧重于精神层面的研究。

人的文化是历史的产物，同时也创造历史。在历史的演进过程中，文化经历着萌芽、积累、变迁、传播、整合、衰亡、重构等多样形态。历史包含所有文化的总和。只有在历史过程中，人的主观能动性才得以充分体现。只有通过历史，才能发现人的主观能动性是怎样被历史文化构造，同时又是怎样去构造历史文化的。[①]

人类创造了历史，但人类对自身历史的记录和研究在人类发展的历史长河中却是较晚的事情。19世纪中叶，早期的文化研究者们参与对整个人类历史进行推测和论证的活动，他们运用不同的文化形态来描述与重构人类的历史进程。19世纪末20世纪初，文化人类学内部产生了文化历史学派，强调每个文化集团都有独特的历史及其特点，强调对具体事实的描述与记录，提倡"历史的方法"。

历史学研究世界各民族和国家的历史现象、历史事件和历史人物以及由它们所构成的历史运动事实和过程。一些历史学家舍弃传统国别式的历史研究方法，以文化或文明作为研究的基本单位，如汤因比的《历史研究》就是以"某种范围更大的碎片"即"文明"作为历史研究的分类基础，通过归纳这些文明的主要特征，提出一个似乎适合我们

---

① 庄孔韶主编：《人类学通论》，太原：山西教育出版社，2002，452页。

所知的大多数文明史的综合模式①。

历史学中有文化内容，研究历史无法避免对文化的系统性描述，大历史学就构成文化学。文化学实际上是放大了的历史学，研究文化必然要涉及历史的事实和概念。文化学与历史学仿佛水乳交融。

四、文化学与哲学

文化学是从一般的意义上研究文化，是一门关于研究和探讨文化的产生、创造、发展演变规律和文化本质特征的学科。文化学以一切文化现象、文化行为、文化本质、文化体系以及文化产生和发展演变规律为自己的研究对象，是一门综合性的学科。

哲学是人类最高智慧的结晶，研究自然、人类、社会、思维发展的一般规律，也包括对文化的研究。哲学从总体上揭示世界的本质和普遍规律。

一方面，哲学也属于文化学的研究范围。研究文化，不能不研究哲学，需要从哲学的高度研究文化的各种问题，如历史、宗教、道德、制度、艺术等方面，从而认识具有普遍意义的哲理。文化作为人类总体的一种精神活动，通过艺术、宗教、哲学等来认识自己、实现和回复自己。文化学在向深层次探讨的过程中必然要进行哲学层面的思考。而一种哲学要想具有现实的力量而非虚幻的寄托，必须有文化的参与。

另一方面，哲学为各门科学的研究提供世界观和方法论的指导，文化现象及其本质也是哲学研究的对象。哲学是文化的核心内容、精神支柱。在文化的系统结构中，哲学处于最深层、最核心的地位，对文化领域起决定性支配作用。哲学立足于人的现实存在和发展而对文化的思考，为文化的发展和进步确定了价值目标；为文化研究提供思维理论和研究方法，给文化研究以世界观和方法论的指导。

---

① [英]阿诺德·汤因比：《历史研究》，上海：上海人民出版社，2010，1页。

文化学的综合和抽象的深度远不及哲学。哲学研究偏重于人类的认识规律，而文化学研究偏重于人类文化的创造活动与成果以及它们之间的关系。

从哲学角度看，文化具有时间意识与历时形态。文化作为一种人类的独特生存方式，既具有运动过程的持续性，体现它的存在与运动的长短和先后相继的关系，又凝聚了世代相传中的社会的总体特点和历史的普遍规律。

文化哲学就是从哲学的视角出发，通过对人类文化对象和文化实践结果的反思，以期达成人的文化自觉。文化哲学的视野是在关注人类现实生活的基础上对传统哲学思维方式的超越。

人类面对日益丰富多变的文化价值世界，现代哲学的发展日益把人的现实生活实践、人类生存环境的优化、文化进步与人的全面发展等提升为研究主题。

五、文化学与语言学

语言是人类进行交流和表达感情的符号系统，是人类最重要的交际工具。语言学研究语言的结构、语言的运用、语言的社会功能和历史发展等问题。

语言符号通过与其相联系的约定俗成的意义同客观事物相连。语言的本质是文化符号。全部文化（文明）依赖于符号。正是由于符号能力的产生和运用才使得文化得以产生和存在；正是由于符号的使用，才使得文化有可能永存不朽。[①]语言既表示具体事物，又能表现抽象概念并进入人类的思维领域。语言具有很强的组合功能，人类使用有限的语素，通过不同的排列，能组合成自己或别人不曾说过的有意义的话语。语言还具有取代性，能描述出很久以前的事，或很久以后可能发生甚至根本不会发生的事。

---

① 莱斯利·怀特：《文化的科学》，杭州：浙江人民出版社，1988，33页。

语言也是文化的组成部分。语言是文化的语言，是始终存活于文化中的语言。语言有两个最重要的功能：一是交际和传递知识的功能；二是思维和记忆的功能。随着语言的发展，人类为了克服交际在时间和空间上的限制，又创造了文字这一语言书写系统。语言文字符号不仅加强了人类的交际和合作，还大大拓展了人类的思维能力。

语言的发展对于人类文化具有特殊的重要性。语言能力是区分人与动物的重要标志。语言是特殊群体的语言，带有非常强烈的社会规定性。语言文字符号使人类文化得以传承和积累，进而绵延不断地发展。

文化与语言的关系，主要表现在以下几方面。

（1）能指与所指的关系。语言使事物以符号的形式进入人的文化世界。语言既是文化的产物，又承担着重要的文化功能。

（2）语言与思维的关系。语言是思想的符号表达，语言对思维有着强烈的影响。"萨丕尔－沃尔夫假设"的核心观点是：语言结构制约着思维模式，也决定着对外部世界的认知。一个文化群体从其周围的世界获取的认知与理解，会充分地在他们的语言中得到表现和运用。

（3）文化中的方言问题。不同地区语言的变体被称为"方言"。这是由于民族、地理与历史的文化差异而造成语言呈现出不同的语音、语调、风格和表达方式。方言反映和折射了地域文化的特点。

（4）语言与文化传播的关系。语言是通过语音符号传播信息的系统，是文化的记录者和传播者。通过语言这一载体，人类在无数代际实现了纵向的文化传播和文化继承。文化传播是语言的重要功能之一。人们在语言的交流过程中分享思想情感、进行争鸣并达到协调。

（5）语言是民族文化的载体，是文化心理的体现。即使面对相同的事物或相似的社会现象，由于人们文化心理、文化观念上的差异，作为文化的符号系统，语言也会随之呈现出不同的风貌和特征。

六、文化学与民俗学

民俗，即民间风俗、习惯，被定义为一个国家或民族中广大民众所创造、享用和传承的生活文化……民俗一旦形成，就成为规范人们的行为、语言和心理的一种基本力量，同时也是民众习得、传承和积累文化创造成果的一种重要方式[①]。民俗是一种社会文化现象，是具有普遍模式的生活文化和文化生活，是民间传统的宝贵遗产，被生活化、社会化、人性化、物质化、固定化而演绎流行，具有历史延续性、传承性。民俗包括人类的衣食住行、婚丧嫁娶、人际交往、生老病死、节日禁忌、劳动作息、宗教信仰、祭祀习惯、生活礼仪、道德操行、情感意识等方面，强调一种集体的生活方式和形态，有内在与外在的模式和规则。民俗学就是研究民俗现象并加以理论总结的学问。

文化学研究包含民俗学的内容，但在更一般的文化层面进行分析，更注重理论性、抽象性、规律性，是对人类整体文化现象及其发展规律的归纳和总结。民俗学主要针对的是民间文化与生活文化，作为非官方的、存活于民间的"小传统"文化，其包含范围很广，主要有：社会民俗（包括亲属制度、人生利益、社会组织、岁时节日等）；经济民俗（包括生计方式、职业集团、民间集市组织、衣食住行等）；信仰民俗（包括古代信仰、地方信仰、信仰意识、信仰职业者等）；文艺民俗（包括口头文学、民间美术、民间音乐、民间舞蹈、娱乐游艺、手工艺等）。

民俗是人类文化意识的原型，兼有文化意识和社会生活双重特征。民俗从生活中形成，反馈回去成为生活的某一样式，更多的本身就不能脱离生活，以一类程式化的"生活相"呈现在人类社会中，它常常以风习性文化意识为内核，程式化"生活相"为生活模式，构成了波

---

① 钟敬文主编：《民俗学原理》，上海：上海文艺出版社，1998，1-2页。

及面深广的特定的生活形态。①

民俗文化发挥的文化功能主要有：规范文化行为、模塑文化人格、传承文化遗产、整合文化心理、调节文化生活等。

民俗学的文化研究有其特点和重心，主要表现在以下几方面。

（1）对文化的传统性研究。非常重视文化的传承问题，注重考察一类民间习俗是由哪些人群、通过何种途径和机制自发地得到流传和保存的，特别强调民俗事项的历史渊源和发展阶段、传承主体和传承路线以及存活的现实意义。

（2）对文化的活态特别是口承性研究。注意各种活态民俗事项，主要包括歌谣、谚语、传说、故事、歇后语、游戏歌、绰号、咒语等的口头文本。非文字、非书面和即兴发挥的语言表达形式被认为是与民间社会保持一致和彼此呼应的文化特征。

（3）对文化的地方性研究。强调"十里不同风，百里不同俗"，关注由地域文化的差异引起的民俗事项的丰富性，注重田野调查和比较研究，发现造成差异的历史和社会原因，对地方文化进行深度描述和剖析。

社会文化发展对民俗的影响主要表现在：第一，存在不同的文化阶层，导致文化资源不均，形成文化的分流与分化。第二，整个社会的发展水平限制了民俗的发展水平。第三，随着社会交往的日益广泛，不同地方的民俗也有融合和变化的趋向。

七、文化学与传播学

传播是传递信息的社会性行为。传播学是研究传播行为和传播过程发生、发展规律及其与人和社会的关系的学问。传播学是一门跨学科的学问，涉及信息学、社会学、文化学等领域，要借用心理学的、政

---

① 陈勤建：《文艺民俗学导论》，上海：上海文艺出版社，1991，5—6页。

治学的、语言学等的方法和知识。

文化作为人的特有的生存方式，依靠纵向与横向的传承与传播来起作用。文化通过传播发生作用。没有传播也就没有文化。

泰勒在《原始文化》一书中最早用"传播"一词来研究文化现象，主要指文化迁徙、采借、暗示以及分布等。德国文化圈学派、英国传播学派、美国历史学派都把传播作为一个关键概念。

文化传播即一个群体的文化要素流向另一个群体，并被融合进后者自身文化的过程与结果。在文化传播过程中，文化特质或文化元素从一个社会传递到另一个社会，从一个区域传递到另一个区域，呈现为文化传递、扩散、流动的现象。文化传播的过程也是文化创造的过程、实现其价值的过程。

文化传播是人们社会交往过程产生于群体、社区及所有人与人之间的共存关系之内的一种文化互动现象。文化传播是联结人们社会交往的中介，又是社会结构的联系环节。

随着符号学、传播学、心理学以及信息论的发展，文化、文化传播都获得了新的含义。

美国文化族体心理学派把文化与个人心理联系起来，将文化看作个体心理的抽象物。美国现代进化论者怀特认为，文化是人类创造的具有象征意义的符号总和；文化作为符号，是人类赋予事物和事件的一种物质形式，它既表示人类的一种创造能力，又是人区别于其他动物的一种标志。

文化族体心理学派、符号互动论学派、现象主义学派把文化当作一种象征符号、信息系统，把它放到整个社会关系的相互作用过程中，研究文化传播怎样受心理特征的制约和影响，怎样在社会关系中产生、发展和变化。

文化传播归根到底是人的一种社会活动，是人在社会活动中对文化的分配和享受。任何文化传播都是社会传播，都是人的社会活动过程。从人类社会交往活动出发，任何文化传播都是一种沟通人与人的共存关系的文化交往活动。

文化传播是一个极为复杂的由无数相互交错、相互作用的个人因素所形成的文化动力学过程。文化传播不仅受社会集团的共同意识制约，也受个人社会心理、思想意识、价值观念的影响。

文化传播在人类文化进程中起着重要作用，同时促进了文化的同一性和多样性，为文化向更高层次的发展提供了必不可少的驱动力。在不同文化之间的传播过程中，人们通过比较，意识到自身文化的缺陷不足，发现自身文化具备走向更高一级的潜力，从而主动地模仿和学习先进的文化，在一定的历史时期内完成文化的递进。文化传播使不同的文化群体在许多方面得到共享和互补。文化传播为文化变迁准备了基础条件。少量的文化传播有时只触及文化的表层结构，如物质文化，但如果传播的力度和深度达到了文化结构的深层，引起了文化模式与社会性质的改变，便实现了文化变迁。

传播媒介是文化传播的中介。大众传媒（包括报纸、杂志、广播、电视、网络等）深刻地影响了社会意识形态的传播方式以及人们的日常生活。各种媒体正在相互融合。人既是文化传播者，又是最活跃的传播媒介。

文化传播主要通过四种方式：（1）趋同式纵向发展；（2）对异文化的吸收；（3）文化区域的中心与边缘的互动；（4）不同文化区域间的互动。实际上各种方式交错互动，表现为一个复杂的多层次的模式。

现代传播使文化跨越时间、空间，打破了不同程度的封闭的社会文化体系，不仅影响着文化的发展，而且对社会的发展有着巨大的作用。

文化传播的社会功能主要有：（1）社会交往的功能。文化传播是人类的一种社会交往行为，现代人时时处处都离不开文化信息及其传播。（2）社会化的功能。个人接受文化传播的影响越多，他的社会化程度就越高。人们的社会活动依靠文化传播的程度越来越高，其社会化程度越来越强。（3）社会调适的功能。文化反馈对于社会有机体有着重要的调适功能，主要通过信息反馈而实现。(4)社会控制的功能。文化传播对社会的控制，实质上是加强社会自组织能力问题。(5)社会储存的功能。文化传播、传递、储存，不仅为人类的文化生产和创造提供了极为丰富的积累，而且必将为社会的文明、进步创造更为有利的条件。①

就现实来看，研究文化领域中的问题，必然把传播包括在内。可以说，文化离不开传播，传播也离不开文化。

文化学研究领域有许多学科生长点，对文化事业与文化产业管理等的研究都值得深入开掘。这是一个广泛的研究空间，需要大力拓展。

---

① 参见司马云杰:《文化社会学》(第5版)，北京：华夏出版社，2011，289-295页。

参考文献

[1] 陈序经:《文化学概观》(1947年),北京:中国人民大学出版社,2005.

[2] 梁漱溟:《中国文化要义》,上海:上海世纪出版集团,2005.

[3] 钱穆:《中国文化史导》,北京:商务印书馆出版时间:1994.

[4] 蔡尚思:《中国文化史要论》,长沙:湖南人民出版社,1979.

[5] 张岱年:《文化与哲学》,北京:教育科学出版社,1988.

[6] 司马云杰:《文化社会学》,济南:山东人民出版社,198.7.

[7] 覃光广等编:《文化学辞典》,北京:中央民族学院出版社,1988.

[8] 赵常林、林娅:《马克思主义文化学》,北京:中国文化书院,1988.

[9] 庄锡昌、孙志民:《文化人类学的理论构架》,杭州:浙江人民出版社,1988.

[10] 顾晓鸣:《追求通观——在社会学、文艺学、文化学的交点上》,南宁:广西人民出版社,1989.

[11] 萧扬、胡志明主编:《文化学导论》,1989.

[12] 郭齐勇:《文化学概论》,武汉:湖北人民出版社,1990.

[13] 胡潇:《文化现象学》,长沙:湖南人民出版社,1991.

[14] 刘守华主编:《文化学通论》,北京:高等教育出版社,1992.

[15] 李鹏程:《当代文化哲学沉思》,北京:人民出版社,1994.

[16] 李荣善:《文化学引论》,兰州,兰州大学出版社,1996.

[17] 陈山:《痛苦的智慧——文化学说发展的轨迹》,沈阳:辽宁人民出版社,1997.

[18] 向翔:《哲学文化学》,上海:上海科学技术出版社,1997.

[19] 刘进田:《文化哲学导论》,北京:法律出版社,1999.

[20] 夏建中:《文化人类学理论学派——文化研究的历史》,北京:中国人民大学出版社,1997.

[21] 庄孔韶:《人类学概论》,北京:中国人民大学出版社,2015.

[22] 刘敏中:《文化学学·文化学及文化观念》,哈尔滨:黑龙江人民出版社,2000.

[23] 陈华文主编:《文化学》,上海:上海文艺出版社,2001.

[24] 吴克礼主编:《文化学教程》,上海:上海外语教育出版社,2002.

[25] 蔡彦士、叶志坚主编:《文化学导论》,福州:福建教育出版社,2003.

[26] 蔡俊生、陈荷清、韩林德:《文化论》,北京:人民出版社,2003.

[27] 叶志坚主编:《文化学发展轨迹研究》,北京:民族出版社,2004.

[28] 陈建宪主编:《文化学教程》,武汉:华中师范大学出版社,2004.

[29] 王玉德:《文化学》,昆明:云南大学出版社,2005.

[30] 朱希祥:《当代文化的哲学阐释》,上海:华东师范大学出版社,2006.

[31] 霍桂桓:《文化哲学论要》,北京:北京出版社,2006.

[32] 邹广文:《当代文化哲学》,北京:人民出版社,2007.

[33] 陆扬、王毅:《文化研究导论》,上海:复旦大学出版社,2007.

[34] 张岱年等:《文化的冲突与融合》,北京:北京大学出版社,1997.

[35] 段联合等:《当代中国马克思主义文化观》,北京:人民出版社,2011.

[36] 陶东风:《文化研究:西方与东方》,北京:北京师范大学出版社,2002.

[37] 余克木:《文化的解说》,北京:中国人民大学出版社,2007.

[38] 殷海光:《中国文化的展望》,上海:上海三联书店,2009.

[39] 唐君毅:《中国人文精神之发展》,桂林:广西师范大学出版社,2005.

[40] 许绰云:《中国文化与世界文化》,桂林:广西师范大学出版社,2004.

[41] 祁进玉:《文化研究导论》,北京:学苑出版社,2013.

[42] 郭齐勇:《文化学概论》,武汉:武汉大学出版社,2014.

[43] 覃德清:《中国文化学》,桂林:广西师范大学出版社,2015.

[44] 邹文贵:《文化学十四讲》,北京:北京大学出版社;哈尔滨:黑龙江大学出版社,2015.

[45] 和磊:《文化研究论》,济南:山东人民出版社,2016.

[46] 王晓鹏:《文化学概要》,福州:福建人民出版社,2017.

[47] 张岳、熊花、常棣:《文化概论》,北京:知识产权出版社,2018.

[48] 林坚:《人文大师:奠基性研究与创新方法》,北京:中国科学技术出版社,2012.

[49] 林坚:《创新整合论:科技创新于文化创新的整合机制研究》,北京:光明日报出版社,2009.

[50] 林坚:《从书海到网络:科技传播的演进》,南昌:江西高校出版社,2001.

[51] 林坚、杨安义:《传媒造势——中国信息传播业气象万千》,北京:北京邮电大学出版社,2000.

[52] 林坚、罗长海:《企业文化要义》,北京:清华大学出版社,2003.

[53] 林坚:《企业文化修炼》,北京:蓝天出版社,2005.

[54] 林坚:《三星文化》,北京:中国人民大学出版社,2008;《三星文化》(韩文版),韩国 Paperroad 出版社,2010.

[55] 林坚、王东胜、刘江华主编:《创新理论与实践概论》,北京:中国传媒大学出版社,2011.

[56] 林坚:《人文大师:奠基性研究与创新方法》,北京:中国科学技术出版社,2012.

[57] 林坚、王东胜主编:《生态文明建设教程》,北京:中国传媒大学出版社,2013.

[58] 林坚:《美丽中国与生态文明建设》,北京:中国国际广播出版社,2016.

[59] 林坚:《文化学研究状况和构架》,载《人文杂志》,2007(3).

[60] 林坚:《文化学学科体系与理论构架初探》,载《中国社会科学院院报》,2007-04-24.

[61] 林坚:《"文化学"的历史考察》,载《社会科学报》,2007-05-24.

[62] 林坚:《文化概念的演变及文化研究的历程》,载《文化学刊》,2007(4).

[63] 林坚:《文化学:开拓跨学科研究领域》,载《中国交叉科学》(第二卷),科学出版社,2008.

[64] 林坚、周传龙:《我国"文化学"著作透视》,载《文化艺术研

究》,2009(1).

[65] 林坚:《对"文化"概念的梳理和解读》,载《文化学刊》,2013(5).

[66] 林坚:《文化学研究:何以成立?何以为用?》,载《探索与争鸣》,2012(10).

[67] 林坚:《马克思主义理论的学科结构新探》,载《探索与争鸣》,2009(5).

[68] 林坚:《从整体性、逻辑性和文明体系的协调看科学发展观》,载《新视野》,2009(3).

[69] 林坚、欧阳首承:《和谐文化论析》,载《辽东学院学报》,2010(2).

[70] 林坚、冯景源:《社会主义核心价值体系的基础、内容及意义》,载《江淮论坛》,2010(2).

[71] 林坚:《儒家思想与马克思主义的结合点初探》,载《人文杂志》,2010(1).

[72] 林坚:《科学普及过程中的人文关怀》,载《科普研究》,2010(3).

[73] 林坚:《科学技术与教育相结合:理论检视、历史考察和政策分析》,载《新视野》,2010(5).

[74] 林坚:《论现代科技的人文关怀》,载《东方》,1999(3).

[75] 林坚:《论科技创新与文化创新的整合》,载《自然辩证法研究》,2003年增刊.

[76] 林坚:《20世纪中国留学生与科技发展》,载《山西师大学报》,2004(2).

[77] 林坚:《学术共同体与学术规范》,载《全国高校学术规范与学风建设文集》,北京:高等教育出版社,2005.

[78] 林坚:《文化冲突与文化创新》,载《马克思主义哲学研究》,

武汉：湖北人民出版社，2005.

[79] 林坚：《科技发展的文化意蕴》，载《湖南文理学院学报》，2006（1）.

[80] 林坚、黄婷：《科学技术的价值负载与社会责任》，载《中国人民大学学报》，2006（2）.

[81] 林坚、谢连生：《从STS看科学技术的一体化及其整体社会功能》，载《首都师范大学学报》，2006（3）.

[82] 林坚：《中华民族的起源与流变》，载《长江学术》，2006（3）.

[83] 林坚、马建波：《中国传统文化对科技发展的双重作用》，载《自然辩证法研究》，2006（11）.

[84] 林坚：《从文化着眼打造城市品牌》，载《新余社会科学》，2006（6）.

[85] 林坚：《人文社会科学地位、功能及其评价》，载《社会科学管理与评论》，2007（1）

[86] 林坚：《构建和谐社会的现实机制》，载《发展论坛》，2007（3）.

[87] 林坚：《城市品牌的文化要素》，载《光明日报》，2007-03-02，10版.

[88] 林坚：《马克思的社会有机体思想对构建和谐社会的启迪》，载《学习时报》，2007-04-09，3版.

[89] 林坚：《大力推进"人文科普"——人文社会科学也需要普及》，载《科学中国人》，2007（6）.

[90] 冯景源、林坚：《马克思对唯物史观"艺术整体"研究的意义及其启示》，载《东方论坛》，2007（4）.

[91] 林坚：《大学文化建设的基点与重点》，载《中国人民大学学报》，2007（5）.

[92] 林坚：《文化观：马克思的丰富遗产》，载《探索与争鸣》，2008（3）.

[93] 林坚：《科技传播的特性及其社会文化指向》，载《科普研究》，2008（2）.

[94] 林坚、董江虹：《对生态文明的系统认识》，载《湖南文理学院学报》，2008（5）.

[95] 林坚：《全面系统地学习实践科学发展观》，载《新余社会科学》，2008（5）.

[96] 林坚：《唯物史观与"文化史"相关问题探讨》，载《马克思主义研究》，2008（12）.

[97] 林坚：《从马克思的社会有机体思想看科学发展观的系统整体性》，载《东方论坛》，2009（1）.

[98] 林坚：《从系统科学的观点看构建和谐社会》，载《系统科学学报》，2009（1）.

[99] 林坚：《马克思、恩格斯关于自然生态的思想》，载《湖南文理学院学报》，2009（3）.

[100] 林坚：《中国传统文化中的生态智慧》，载《辽宁工业大学学报》，2009（5）.

[101] 林坚：《儒家仁爱思想及其生态智慧》，载《儒学评论》（第五辑），保定：河北大学出版社，2009.

[102] 林坚：《马克思主义关于国家与社会关系理论及其启示》，载《马克思主义哲学研究（2009）》，武汉：湖北人民出版社，2009.

[103] 林坚：《马克思主义视野中的文化思想》，载《人文杂志》，2011（1）.

[104] 林坚：《春节的文化意蕴》，载《国际亚细亚民俗研究（第八辑）·首届中国春节文化论坛》，北京：学苑出版社，2011.

[105] 林坚、黄婷：《科学素养和人文素养的整合》，载《科普研究》增刊，2011-2.

[106] 林坚：《当代科技活动与美的探索》，载《现代科学与现代艺

术新视界》,成都:四川科技出版社,2011.

[107] 林坚:《科学与人文的分裂及整合》,载《科普研究》,2011(1).

[108] 林坚、冯景源:《论中国共产党对社会主义的认识过程》,载中共中央文献研究室科研管理部编:《中国共产党90年研究文集》,北京:中央文献出版社,2011.

[109] 林坚:《文化传统与文化创新》,载《社会-文化遗传基因(S-cDNA)学说》,桂林:漓江出版社,2012.

[110] 林坚:《文化学研究:何以成立?何以为用?》,载《探索与争鸣》,2012(10).

[111] 林坚:《文化体制改革和党的领导》,载《全国党史文化论坛文集》(第四册),中共党史出版社,2013.

[112] 林坚:《20世纪中国学术文化从传统向现代的转型》,载《黑龙江社会科学》2013(4).

[113] 林坚:《对"文化"概念的梳理和解读》,载《文化学刊》2013(5).

[114] 林坚:《文化与文明:界定、联系、区别》,载《文化学刊》,2014(5).

[115] 林坚:《文化安全问题应引起高度关注》,载《瞭望》新闻周刊,2014年8月11日,32期.

[116] 林坚:《新媒体对文化生态的影响》,载《瞭望》新闻周刊,2014年9月9日,36期.

[117] 林坚:《文化治理的社会系统工程视角分析》,载《北京文化创意》,2015(3).

[118] 林坚:《城市文化与文化城市》,载《语言文学前沿》(第5辑),北京:知识产权出版社,2015.

[119] 林坚:《春节的文化意蕴》,载《瞭望》新闻周刊,2015年2月23日,7-8期.

[120] 林坚:《文化治理是国家治理体系的重要组成部分》,载《中国领导科学》,2015(7).

[121] 林坚:《大学精神是大学个性的核心》,载《瞭望新闻周刊》,2016年8月1日,31期.

[122] 林爱民:《坚定文化自信,实现文化自强——访人大国发院研究员林坚》,载《中国改革报》,2017-12-28.

[123] 林坚:《讲好中国故事 展现中国形象》,载《唯实》(江苏省委党校),2018(2).

[124] 林坚:《关于提升中国话语国际影响力的思考》,载《北京文化创意》,2018-04-20(2).

[125] 林坚:《加强对外文化交流、传播和贸易的融合推进》,载《对外传播》,2018(5).

[126] 林坚:《"五大发展理念"、"四个全面"总体战略与"五位一体"总体布局的相互关系》,载《第三届全国党史文化论坛文集》(第一册),北京:中共党史出版社,2018.

[127] 林坚:《当代中华文化海外传播的影响力分析》,载《中华文化海外传播研究》(第二辑),北京:社会科学文献出版社,2018-8.

[128] 林坚:《融合推进文化交流、传播与贸易》,载《瞭望》新闻周刊,2018年2月5日,6期.

[129] 林坚:《建立生态文化体系的重要意义和实践方向》,载《人民论坛·国家治理》周刊,2019-02-11.

[130] 联合国教科文组织:《世界文化发展报告:文化、创新与市场(1998)》《世界文化发展报告:文化的多样性、冲突与多元共存(2000)》,北京:北京大学出版社,2002.

[131] 联合国教科文组织:《文化多样性与人类全面发展:世界文化与发展委员会报告》,广州:广东人民出版社,2006.

[132] [美]欧文·拉兹洛编:《多种文化的星球——联合国教科文

组织国际专家小组的报告》,北京:社会科学文献出版社,2001.

[133] 罗伯特·罗维:《文明与野蛮》,北京:三联书店,1984.

[134] [美]L.A.怀特:《文化科学——人类文明研究》,济南:山东人民出版社,1988.

[135] S.南达:《文化人类学》,西安,陕西人民教育出版社,1987.

[136] 鲁思·本尼迪特:《文化模式》,北京:三联书店,1988.

[137] 爱德华·泰勒:《原始文化》,上海:上海文艺出版社,1992.

[138] 斯图尔德:《文化变迁的理论》,台北,台湾远流出版社,1989.

[139] 弗朗兹·博厄斯:《人类学与现代生活》,北京:华夏出版社,1999.

[140] [美]塞缪尔·亨廷顿、劳伦斯·哈里森主编:《文化的重要作用》,北京:新华出版社,2002.

[141] 诺贝特·埃利亚斯:《文明的进程》,北京:三联书店,1998.

[142] [美]C.格尔兹:《文化的解释》,上海:上海人民出版社,1999.

[143] 特里·伊格尔顿:《文化的概念》,南京:南京大学出版社,2003.

[144] [美]爱德华·萨义德:《文化与帝国主义》,北京:三联书店,2007.

[145] [美]约翰·费克斯:《理解大众文化》,北京:中央编译出版社,2006.

[146] [美]吉姆·麦奎根:《文化研究方法论》,北京:北京大学出版社,2011.

[147] [美]吉姆·麦奎根等:《重新思考文化政策》,北京:中国人民大学出版社,2010.

[148] [英]保罗·史密斯等:《文化研究精粹读本》,北京:中国人

民大学出版社，2006.

[149]［德］于尔根·哈贝马斯等：《文化现代性精粹读本》，北京：中国人民大学出版社，2006.

[150]哈贝马斯等：《文化与公共性》（汪晖、陈燕谷主编），北京：三联书店，1998.

[151]［美］琳达·比默等：《跨文化沟通》，大连：东北财经大学出版社，2011.

[152]［美］罗兰·罗伯森：《全球化——社会理论和全球文化》，上海：世纪出版集团，2000.

[153]［英］B.马林诺斯基：《文化论》，北京：中国民间文艺出版社，1987.

[154]［英］B.马林诺斯基：《科学的文化理论》，北京：中央民族大学出版社，1999.

[155]克利福德·格尔茨：《地方性知识》，北京：中央编译出版社，2000.

[156]［英］安吉拉·默克罗比：《后现代主义与大众文化》，北京：中央编译出版社，2001.

[157]［法］路易·多洛：《个体文化与大众文化》，上海：上海人民出版社，1987.

[158]［美］P.P.博克等：《多元文化与社会进步》，沈阳：辽宁人民出版社，1988.

[159]阿雷恩·鲍尔德温等：《文化研究导论》，北京：高等教育出版社，2004.

[160]［德］古斯塔夫·拉德布鲁赫：《社会主义文化论》，北京：法律出版社，2006.

[161]［挪］A.艾德、C.克洛斯、A.罗萨斯：《经济、社会和文化权利教程》（修订第二版），成都：四川人民出版社，2004.

[162] 克拉克·威斯勒:《人与文化》,北京:商务印书馆,2004.

[163] 威廉·A.哈维兰:《文化人类学》,10 版,上海:上海社会科学院出版社,2006.

[164] 本尼迪克特·安德森:《想象的共同体:民族起源与散布》,上海:上海人民出版社,2005.

[165] [加] D.保罗·谢弗:《文化引导未来》,北京:社会科学文献出版社,2008.

[166] [美] 乔斯·B.阿什福德等:《人类行为与社会环境》,北京:中国人民大学出版社,2005.

[167] [美] 罗伯特·F.墨菲:《文化与社会人类学引论》,北京:商务印书馆,2009.

[168] 迪克·赫约伯格:《亚文化:风格的意义》,北京:北京大学出版社,2009.

[169] [美] 杰里·D.穆尔:《人类学家的文化见解》,北京:商务印书馆,2009.

[170] [美] 塞缪尔·亨廷顿、劳伦斯·哈里森主编:《文化的重要作用:价值观如何影响人类进步》,北京:新华出版社,2010.

[171] Edward B.Tylor. *Primitive Culture*, London: J.Murray, 1871.

[172] Raymond Scupin. *Cultural Anthropology:A Global Perspective*, Englewood Cliffs, New Jersey Prentice-Hall, 1922.

[173] F.Boas. *Race, Language, Culture*, New York, 1940.

[174] Gordon Mathew. *Global Culture/Individual Identity*, Routledge, 2000.

[175] Tony Bennet. *Culture: A Reformer's Science*, London: Sage Publication, 1998.

[176] John Storey. *Cultural Theory and Popular Culture: A Reader*, 2nd. Hemel Hempstead: Prentice Hall, 1998.

[177] D.Paul Schafer. *Culture: Beacon of the Future*, Twickenhan: Adamantine Press, 1998.

[178] David Rothkopf. In Praise of Cultural Imperialism, *Foreign Policy*, No.107, Summer, 1997.

[179] Ferdinand Braudel. *A History of Civilization*, London: Allen Lane the Penguin Press, 1994.

[180] Malcolm Waters. *Globalization*, London and New York: Routledge, 1995.

[181] Toby Miller (ed.). *A Companion to Cultural Studies*, Blackwell Publishers, 2001.

[182] Raymond Williams.*Keywords:A Vocabulary of Cultural and Society*, London:Fontana, 1976.

[183] John Storey. *Cultural Studies :an Introduction.* Arnold, 1996

[184] A.Kroeber, C.Kluckhohn. *Culture A Critical Review Concepts and Definitions*, NewYork : Vintage Books, 1963.

后　记

近十余年来，我持续关注文化学研究，积累了大量资料，陆续发表了一些文章，呼吁建立文化学。文化学事实上是存在的，总有一天会进入学科体系，为此需要持续不断的努力。我对文化概念做了梳理，并广泛涉猎各种文化理论，提出文化学体系构架，先做一些基础性工作。在研究过程中，越来越感到文化及文化学的博大精深，好比丰富的矿藏，可谓"取之不尽，用之不竭"。

拙著《文化学研究引论》2014年3月由中国文史出版社出版。在该书第一篇"文化学构建"内容基础上，调整了结构，增加"马克思主义的文化思想"和"中国学者对文化的研究"两章，形成该书的七章内容，力图展现文化学发展的历史轨迹。

以往学术界对文化的研究多是从各门学科切入，尽管也有一些以"文化学"命名的著作，但还不够系统、深入，缺乏从学科体系角度对文化的研究，对"文化学"基本问题的认识和学科构架还比较含混。国家学科目录和国家社会科学基金项目学科类别都没有"文化学"门类，但许多领域涉及文化研究，如文化社会学、文化人类学、国际文化、文化传播等，探索学科划分、确立新的学科生长点很有必要。2018年我申报国家社科基金项目"文化学学科体系构建研究"（18BZX015）获得批准。

梳理文化学发展的历史轨迹，对于把握文化和文化学的现状与未来都是十分必要的。根据近年来的研究进展，我对相关内容做了增补和调整。由于文化学涉及领域广泛、学科众多，难免挂一漏万，有所偏颇，对一些观点的梳理、归纳还有待提升，学科结构分析还有待细化和深化。这是一项巨大的学术工程，需要持之以恒的不懈努力。

谨此为记。

林　坚

2019 年 3 月 1 日